ANGELA FOURNES
ANNETTE BOPP

DEN TOD MUSS MAN LEBEN

Für meine Mutter, die mich das Sterben lehrte.
Und für Lydia, die den Impuls für das Café Tod gab.

ANGELA FOURNES
ANNETTE BOPP

DEN TOD MUSS MAN LEBEN

Eine Bestatterin hilft – denen, die gehen, und denen, die bleiben

LUDWIG

Sollte diese Publikation Links auf Webseiten Dritter enthalten,
so übernehmen wir für deren Inhalte keine Haftung,
da wir uns diese nicht zu eigen machen, sondern lediglich
auf deren Stand zum Zeitpunkt der Erstveröffentlichung verweisen.

Wir haben uns bemüht, alle Rechteinhaber ausfindig zu machen,
verlagsüblich zu nennen und zu honorieren.
Sollte uns dies im Einzelfall aufgrund der Quellenlage
bedauerlicherweise einmal nicht möglich gewesen sein,
werden wir begründete Ansprüche selbstverständlich erfüllen.

Der besseren Lesbarkeit wegen haben wir im ganzen Buch
die männliche Sprachform beibehalten. Selbstverständlich sind
alle anderen Geschlechter immer genauso gemeint.

Klimaneutral
Druckprodukt
ClimatePartner.com/14044-1912-1001

MIX
Papier aus verantwortungsvollen Quellen
FSC® C014889
FSC www.fsc.org

Verlagsgruppe Random House FSC® N001967

Originalausgabe 10/2018

2. Auflage

in der Verlagsgruppe Random House GmbH,
Neumarkter Straße 28, 81673 München
Redaktion: Text'up Lilian Kura, Starnberg (www.textup.de)
Umschlaggestaltung: Eisele Grafik Design
unter Verwendung eines Motives von: Shutterstock Images LLC
Satz: Leingärtner, Nabburg
Druck und Bindung: Pustet, Regensburg
Printed in Germany
ISBN: 978-3-453-28101-1

www.Ludwig-Verlag.de

ZU DIESEM BUCH

»Ich möchte dem Tod seine menschliche Seite zurückgeben«

Der Tod ist für mich das Natürlichste von der Welt. Statt als absolutes Ende empfinde ich ihn als Tor zu einer Verwandlung unseres Seins – danach geht es in einer anderen Dimension weiter.

Früher gehörte der Tod viel stärker zum Alltag. Gestorben wurde meist zu Hause, im Kreis der Großfamilie, auch in Anwesenheit der Kinder. Zusammen wusch man den Leichnam, zog ihn an und bahrte ihn für einige Tage auf. Freunde und Verwandte kamen, um sich zu verabschieden; während der Totenwache wurde die Familie von Nachbarn mit Essen und Trinken versorgt. Später hob man gemeinsam das Grab aus und schaufelte es wieder zu.

Heute ist all das ein Tabu, obwohl das Thema »würdiges Sterben« durch zahlreiche Bücher und Artikel langsam wieder eine Lobby bekommt. Der Tod selbst jedoch wird weiterhin verdrängt. Wer im Krankenhaus stirbt, den bringt das Personal schon nach zwei Stunden ins Kühlfach der Pathologie, von dort holt der Bestatter den Leichnam dann ab. Im Normalfall sehen die Angehörigen den Verstorbenen erst bei der Bestattungsfeier im Sarg wieder – oder gar nicht mehr. Alles, was bis dahin notwendig ist, verläuft ohne ihr Beisein. Das ist umso bedauerlicher, als Tote genau in dieser Zeit einen gravierenden Veränderungsprozess durchlaufen: Es dauert ungefähr drei Tage, bis sich Seele und Geist vollkommen aus dem Körper gelöst haben und lediglich eine leere Hülle zurückbleibt. Dieser Prozess wird den Hinterbliebenen vorenthalten, obwohl er enorm wichtig ist für einen guten Abschied und für die Auseinandersetzung mit der eigenen Sterblichkeit. Trauer wird eben nicht leichter verarbeitet, wenn man alles, was mit dem Verstorbenen zu tun hat, den Profis überlässt. Mehr noch: Man vergibt die einmalige Chance, einem geliebten Menschen einen allerletzten Liebesdienst zu erweisen – ebenso wie sich selbst.

Dieses Buch ist aus dem Anliegen heraus entstanden, dem Tod seine menschliche Seite zurückzugeben und ihn als Teil unseres Lebens zu verstehen. Es soll dazu ermutigen, die alte Tradition des Aufbahrens wieder neu zu beleben. Es soll aufzeigen, wie erfüllend es ist, die Begleitung eines Verstorbenen bis zur letzten Ruhe bewusst zu gestalten.

Ich habe dieses Buch nicht selbst geschrieben. Zum Glück konnte ich die Journalistin und Autorin Annette Bopp dafür begeistern, die sich schon in zwei Büchern intensiv mit dem Thema Sterben und Tod beschäftigt hat. Sie hat meine zunächst noch ungeordneten Gedanken und Geschichten in eine gut lesbare Form gebracht.

Wir hoffen beide, dass die Lektüre Sie inspiriert, künftig dem Tod einen Platz in Ihrem Leben zu geben – und einer neuen, menschlicheren Bestattungskultur eine Chance.

Berlin, im September 2018
Angela Fournes

»Den Tod als integralen Bestandteil des Lebens verstehen«

Es ist jetzt gut ein Jahr her, dass mich ein Anruf von Angela Fournes aus Berlin erreichte: Ob ich mir vorstellen könne, mit ihr ein Buch über das Bestatten zu schreiben, über den würdigen Umgang mit einem Verstorbenen – vom Moment des Todes bis zur Trauerfeier und Beisetzung? Schon in den vergangenen Jahren hatte ich mich intensiv mit dem Thema Sterben und Tod befasst. Das Ergebnis waren zwei Bücher, die ich zusammen mit der Palliativkrankenschwester Dorothea Mihm geschrieben habe: *Die sieben Geheimnisse guten Sterbens* und *Anleitung zum guten Sterben*. Der Aspekt des Bestattens fehlte noch; er war in den bisherigen Werken nicht vorrangig.

Angelas Anfrage kam in einer Zeit, als mir Fakten aus dem Jahr 2013 wieder in die Finger kamen, die nicht nur für Sterben und Tod, sondern auch für die heikle Frage der Organspende relevant sind. Forscher hatten im Fachblatt *Human Neurosciences* neue Erkenntnisse zu den körperlichen Funktionen Sterbender publiziert, die bisher kaum Beachtung gefunden hatten. Sie sind das Ergebnis wissenschaftlich fundierter Messungen abseits jeder Esoterik:

- Das Gehirn stirbt nach dem Tod nicht gleich ab, sondern arbeitet noch mehr als zehn Minuten lang weiter. Nur wenige Minuten zuvor empfängt es letztmals wahre Salven von Elektrizität.
- Zeichnet man in dieser Zeit die Gehirnströme mittels eines Elektroenzephalogramms (EEG) auf, ist das Muster bei jedem Menschen unterschiedlich. Das bedeutet, jeder einzelne von uns macht auch nach dem offiziellen Eintritt des Todes noch individuelle Erfahrungen.

- Das Gedächtniszentrum ist weiterhin aktiv, auch wenn das restliche Hirn bereits tot ist. Es ist der letzte Teil des Gehirns, der erlischt. Unmittelbar bevor es seine Aktivität einstellt, schickt es noch einmal besonders emotionale Erinnerungen vor die Augen des bereits Gestorbenen.
- Noch zwei Tage nach dem Tod arbeiten mehr als tausend Gene in unserem Körper. Einige davon sind hochaktiv. Es sind Gene, die Entzündungen triggern, das Immunsystem anregen, Stress entgegenwirken und sogar das Krebswachstum fördern. Warum werden diese Gene ausgerechnet im bereits gestorbenen Körper wieder lebendig?

Diese Erkenntnisse und nicht zuletzt die Erforschung von Nahtoderlebnissen stellen uns unweigerlich vor eine entscheidende Frage: Ist vor diesem Hintergrund der Hirntod als Definition für den Todeszeitpunkt noch zu rechtfertigen? Mehr noch: Lässt sich die heute übliche Praxis im Umgang mit Verstorbenen noch aufrechterhalten? In Krankenhäusern schieben wir sie kurzerhand ins Kühlfach, in Pflegeheimen und anderswo lassen wir sie möglichst schnell vom Bestatter abholen, der sie wiederum in irgendeinen Kühlraum verfrachtet. Ist dieses Vorgehen vertretbar, wenn doch der Körper noch ein bis zwei Tage nach seinem Tod ganz offensichtlich bestimmte Funktionen aufweist, auch wenn diese bereits im Ersterben begriffen sind? Was tun wir ihm damit an?

Nein, ich möchte nicht, dass mit mir so umgegangen wird. Ich möchte die Möglichkeit haben, in Ruhe mein Leben – im wahrsten Sinne des Wortes – auszuhauchen, möglichst im Kreise meiner Lieben, zu Hause. Deshalb habe ich inzwischen genau verfügt, wie mit mir umgegangen werden soll, wenn es zu Ende geht. Und ich kann nur hoffen, dass diese Wünsche dann so umgesetzt werden können.

Es ist wichtig, dass wir schon zu Lebzeiten auf diese Fragen aufmerksam werden und nicht erst, wenn der Tod unmittelbar bevorsteht. Natürlich erfordert das etwas Mut. Deshalb habe ich es sehr begrüßt, dass nun ein Buch über die Möglichkeiten entstehen sollte, Verstorbenen anders zu begegnen: menschlich, liebevoll, angstfrei.

Schon mehrfach durfte ich miterleben, wie Menschen nach ihrem Tod aufgebahrt wurden – und empfand es ausnahmslos als eine schöne, sinnvolle und würdige Tradition. Es wurde geweint und gelacht am Totenbett, Lustiges und Nachdenkliches miteinander geteilt. Man fühlte sich miteinander und mit dem Verstorbenen verbunden, und das Leben bekam damit eine neue, noch lebendigere Dimension. Leider ist es aber immer noch keine Selbstverständlichkeit, Menschen zu Hause sterben zu lassen. Noch viel seltener werden sie dort aufgebahrt. Die meisten Hinterbliebenen wissen gar nicht, dass das möglich ist, oder sie haben Angst vor dem Umgang mit einem Leichnam. Es ist allerdings höchste Zeit, dass wir den Tod endlich als integralen Bestandteil des Lebens verstehen lernen.

Mit Trauerfeiern habe ich sehr unterschiedliche Erfahrungen gemacht, gute wie schlechte. Angesichts der allgegenwärtigen Berührungsängste schien es mir mehr als drängend, das Thema aus der Schmuddelecke zu holen und ein Modell zu entwickeln, wie man besser mit Sterben und Tod umgehen kann. Angela Fournes steht für eine besondere, heutzutage noch wenig verbreitete Kultur: als professionelle Außenstehende die Angehörigen und auch den Verstorbenen selbst durch diese wichtige Phase zu begleiten.

Und so ließ ich mir von ihr berichten, wie sie dabei vorgeht, welche Motive sie bewegen und wie sie überhaupt dazu kam, Bestatterin zu werden. Ich habe alles bewusst so aufgeschrieben, wie sie es mir erzählt hat, in ihren eigenen Worten, weil ich wollte, dass es so authentisch bleibt, wie Angela nun einmal ist. Das Bestatten ist ihr Herzensthema. Ich war nur das Instrument dafür, ihre Erfahrungen zu Papier zu bringen.

Zusätzlich habe ich mit Menschen gesprochen, die mit dieser besonderen Art des Bestattens eigene tiefgreifende Erfahrungen gemacht haben. Sie sind die besten Zeugen dafür, wie bereichernd und heilsam der direkte, unverstellte Umgang mit einem Toten sein kann. Die Protokolle dieser sehr persönlichen Geschichten finden Sie über das ganze Buch verteilt.

Wenn es dazu beiträgt, dass mehr Menschen den Mut finden, den Tod in ihrer Lebens- und Gedankenwelt willkommen zu heißen und dadurch anders mit Verstorbenen umzugehen – dann hat dieses Buch sein Ziel erreicht.

Hamburg, im September 2018
Annette Bopp

WIE ICH BESTATTERIN WURDE

Dass Menschen sterben, war für mich schon als Kind etwas ganz Alltägliches. Das liegt sicher daran, dass ich in Mexiko aufgewachsen bin, wo man damit ganz anders umgeht als in Europa. Der Tod gehört dort in allen Generationen ganz selbstverständlich zum Leben. Bekamen wir zum Beispiel beim Spielen mit, dass irgendwo ein anderes Kind gestorben war, radelten wir hin, um es zu verabschieden – das gehörte sich einfach so. Der kleine Leichnam lag in einem Bettchen oder Sarg, immer in einem Meer von Blumen. Es gab zu essen und zu trinken, man lachte und weinte zusammen, nichts daran war bedrohlich.

Für die Menschen in Mexiko ist es normal, auf diese Weise Anteil zu nehmen und den Toten einen guten Weg zu wünschen. Verstorbene Kinder nennt man in Mexiko übrigens bis heute »Engelchen«, weil sie noch nicht ganz auf der Erde angekommen sind und so zwischen Himmel und Erde vermitteln können. Ich finde das ein schönes Bild.

Dieser besondere Umgang der Mexikaner mit dem Sterben geht über 3000 Jahre auf die Azteken mit ihrer großen Ahnenkultur zurück. Für sie war der Tod Bestandteil des Lebens, ganz einfach aus dem Grund, weil Leben nur entstehen kann, wenn etwas anderes stirbt. Geborenwerden und Sterben waren untrennbar miteinander verbunden, zwei Tore innerhalb eines unendlichen Kreislaufs. Der Tod galt als Portal für ein weiteres Leben, so wie die Geburt eines in das Leben hinein war.

Den Toten waren im aztekischen Jahreslauf zwei Feiertage gewidmet: das Blumenfest im Juni/Juli für die Kinder und das Erntedankfest Ende August für die Erwachsenen – die Blütezeit als Symbol für das Heranwachsen, der Herbst für Reife. Als die Spanier das Land eroberten und ihm das Christentum aufzwangen, verboten sie diese »heidnischen« Bräuche. Kurzerhand verlegten die findigen Mexikaner das Totenfest auf die katholischen Feiertage Allerheiligen und Allerseelen. Bis heute feiert man am 31. Oktober vorab die verstorbenen Kinder und an den beiden Folgetagen die Erwachsenen. Am 1. und 2. November ziehen die Menschen mit Kerzen, Blumen und prall gefüllten Picknickkörben zu den Friedhöfen und verbringen die ganze Nacht dort. An den Gräbern wird gebetet und getrauert, Musik gemacht, geschmaust und gefeiert – es ist ein einziges großes Happening, ein riesiges, lautes, buntes und fröhliches, aber auch besinnliches Fest der Begegnung zwischen den Lebenden und den Toten.

Am Eingang der Friedhöfe werden riesige Holzgestelle aufgebaut, über und über geschmückt mit leuchtend orangefarbenen Studentenblumen (Tagetes), weil Tote angeblich die Farben Orange und Gelb erkennen können. Deshalb markieren orangefarbene Blumen auch den Weg vom Friedhof zur Wohnung.

Vor jedem Haus hängt eine Laterne, alle Räume sind picobello geputzt und als Einladung an die Verstorbenen mit Weihrauch ausgeräuchert. Im Wohnzimmer steht ein bunt geschmückter Gabentisch mit Fotos und allem, was der Verstorbene im Leben besonders gern aß und trank. Der ganze Tisch ist überhäuft mit kleinen Totenköpfen, Särgen und Skeletten aus Zucker, Schokolade oder Marzipan. Das soll niemanden er- und abschrecken. Vielmehr gelten die Totenköpfe als »Gefäße«, in die die Seelen einkehren können. Deshalb liegen sie in allen nur denkbaren Varianten herum, beschriftet mit dem

Namen des Verstorbenen, der erwartet wird. Außerdem verschenkt man sie an noch Lebende, mit deren Namenszug versehen, als süße Erinnerung an unsere Endlichkeit.

Neben Süßigkeiten und Kuchen – unbedingt dabei: »Pan de Muerto«, das süße Totenbrot – dürfen auch Obst und Gemüse nicht fehlen. Immerhin ist der Tag gleichzeitig ein Erntedankfest! Zahllose Kerzen sorgen für stimmungsvolles Licht, überall hängen bunte Girlanden. Wichtig sind ein Stuhl, ein Wasserkrug und ein Handtuch zum Händewaschen für den Verstorbenen: Er muss sich ja von seiner Reise ausruhen und frisch machen.

Traditionell machen sich in dieser Zeit als Tote Verkleidete über die aktuelle Politik lustig und ziehen die Verantwortlichen gehörig durch den Kakao.

Eine der wichtigsten Figuren des mexikanischen Totenfestes ist die »Calavera Catrina«. Das ist eine Fantasiefigur mit der Maske eines menschlichen Skeletts in einem farbenprächtigen, lang herabwallenden Frauengewand, gekrönt von einem ausladenden Hut oder Kopfschmuck. Eine beeindruckende Erscheinung! Die Mexikaner verkleiden sich mit Vorliebe als Catrinas und kennen unzählige Variationen davon; heiß geliebt sind sie alle.

Die Feierlichkeiten enden mit der Verabschiedung der toten Seelen am Abend des 2. November auf dem Friedhof … bis zum nächsten Jahr.

Diese Tage sind das höchste Fest im mexikanischen Jahreslauf. Von der UNESCO wurde der Brauch 2003 zum »Meisterwerk des mündlichen und immateriellen Erbes der Menschheit« ernannt und 2008 in die »Repräsentative Liste des immateriellen Kulturerbes der Menschheit« übernommen. Schade, dass das in Deutschland kaum jemand weiß.

Leider musste ich die schöne Tradition, von der ich hier berichte, mit 15 Jahren in Mexiko zurücklassen. Der fröhliche

Umgang mit Sterben und Tod ist mir dennoch geblieben – und einer der Gründe, warum ich mir dazu eine recht unkomplizierte Einstellung bewahrt habe. Die anderen liegen in meiner kurvenreichen Lebensgeschichte begründet. Beides zusammen führte dazu, dass ich heute als Bestatterin arbeite – weshalb ich Sie einladen möchte, mit mir kurz auf diesen Lebensweg zurückzuschauen.

Eltern, Kindheit und Jugend

Meine Mutter wurde 1922 in Hausberge an der deutschen Porta Westfalica geboren. Sie war Fotografin wie ihr Vater. Schon ihre Eltern hatten Kontakt zur Anthroposophie gehabt, der von Rudolf Steiner begründeten Geisteswissenschaft. Beide gehörten zur »Christengemeinschaft«, einer Glaubensgemeinschaft, die der Anthroposophie nahesteht. Dort werden christliche Sakramente gepflegt wie Taufe, Konfirmation, Beichte, Trauung, Priesterweihe und Letzte Ölung. Der Gottesdienst besteht in einer »Menschen-Weihehandlung«. Meine Mutter ist in dieser Tradition aufgewachsen und fühlte sich darin beheimatet.

Weil mein Großvater offenbar zweimal verhinderte, dass sie sich verlobte, war meine Mutter mit 34 Jahren noch immer unverheiratet – für damalige Verhältnisse ziemlich ungewöhnlich. Um endlich selbstbestimmt leben zu dürfen, brach sie 1956 mutig nach New York auf.

Schon während der Transatlantikpassage auf einem Frachter – das Schiff hatte noch nicht einmal abgelegt! – nahm das Schicksal ihr weiteres Leben in die Hand. Als meine Mutter nämlich ihre Kabine beziehen wollte, bekam sie die Tür nicht auf. Zufällig ging gerade Kapitän William Donald Craig vorbei. Er gewann den Kampf gegen das klemmende Türschloss – und verlor sein Herz. Für den Rest der Überfahrt ließ er die hübsche, deutlich jüngere Frau kaum noch von seiner Seite. Nur vier Monate später, am 30. November 1956, heirateten die beiden in New York City. Für Bill war es die zweite Ehe; von seiner ersten Frau, die 1949 gestorben war, hatte er bereits zwei inzwischen erwachsene Kinder.

Vier Jahre später wurde ich geboren, anderthalb Jahre danach mein Bruder. In dieser Zeit ging mein Vater in Rente; er war 25 Jahre älter als meine Mutter und litt an Asthma. Auf See hatte ihn die Krankheit nicht weiter beeinträchtigt, doch die Großstadt war Gift für seine Lungen. Und so stellte sich 1962, als er den Kapitänsdienst quittierte, die Frage: wohin? Nur ein Ort in Küstennähe oder im Gebirge kam infrage. Die Wahl fiel auf Guadalajara, eine mexikanische Stadt in 1590 Metern Höhe. Hier waren meine Eltern zwar noch nie gewesen, aber laut Erzählungen herrschte hier ein lungenfreundliches Klima und obendrein wohnte dort einer von Bills Cousins. Wie viele ältere Amerikaner war er schon vor Jahren nach Mexiko übergesiedelt, weil es sich dort auch mit einer kleinen Rente gut leben ließ.

So zogen wir in einem großen Auto los, Hab und Gut auf einem Anhänger im Schlepptau. Eigentlich wollten wir nur drei Jahre bleiben. Es wurden dreizehn.

Mexiko

Als ich in Mexiko ankam, war ich zwei Jahre alt und redete kaum ein Wort. Es wurden Wetten abgeschlossen, was ich zuerst sprechen würde: Deutsch wie meine Mutter oder Englisch wie mein Vater. Damit, dass ich kurz darauf auf Spanisch wie unsere mexikanischen Hausangestellten loslegen würde, hatte keiner gerechnet – und doch hatte ich damit meine Muttersprache gefunden. Wenn meine Mutter Englisch oder Spanisch redete, machten wir Kinder uns immer über ihren dicken deutschen Akzent lustig. Manchmal musste sie trotzdem zwischen uns und Vater übersetzen, weil er sich weigerte, die Sprache seines neuen Heimatlandes zu lernen.

Insgesamt haben wir Kinder unseren Vater immer mit einer gewissen Distanz und eher wie einen Opa wahrgenommen, weil er schon ziemlich alt war. Natürlich hat er sich bemüht, aber er war einfach nicht mehr so belastbar und vor allem mir kleinem Wildfang kräftemäßig nicht gewachsen. Trotzdem hat er mir viel Liebe mitgegeben und eine goldene Kindheit ermöglicht.

Diese Zeit in Mexiko war die schönste seines Lebens. Er konnte sein Rentnerdasein in vollen Zügen genießen, weil er kaum Verpflichtungen hatte, das war sehr entspannt. Meine Mutter und er hatten viel Zeit füreinander, die Menschen waren freundlich und offen, wir hatten viele Bekannte und Kontakte in die dort reichlich vorhandenen Clubs. Das Klima war trocken und warm mit durchschnittlich 25 Grad Celsius, sodass wir den Pool in unserem großen Garten fast ganzjährig genießen konnten. Um die meisten anfallenden Arbeiten kümmerten sich, wie es in Mexiko damals selbstverständlich war, ein Gärtner und das Hausmädchen.

Die Familie spielt in Mexiko eine große Rolle. Besonders der Sonntag ist ein Familientag: Alle gehen zusammen in die Kirche, essen gemeinsam, machen Ausflüge – und die Verstorbenen gehören ganz selbstverständlich mit in diesen Familienverbund.

Wenn man wie die Mexikaner davon ausgeht, dass der Tod nur eine Durchgangsstation ist, steht man von alleine viel gelassener im Leben. Geht man dagegen, wie viele Menschen bei uns in Europa, davon aus, dass nach dem Tod nur noch Leere kommt, schiebt man jeden Gedanken daran lieber möglichst weit weg. Natürlich haben auch Mexikaner Angst vor Schmerzen beim Sterben, aber den Tod selbst sehen sie entspannt. Sie wissen: Spätestens an jedem 1. und 2. November sind sie mit ihren Lieben wieder vereint.

Familie, Freunde, die Zeit, die man miteinander verbringt: All das ist Mexikanern viel wichtiger als Materielles. Aus diesem Zusammensein, dieser mit vollen Händen ausgeteilten menschlichen Wärme und Freude definiert sich für sie Glück, das strahlen sie aus. Ich habe dieses Lebensgefühl tief in meiner Seele verankert.

Schulzeit und zurück in die USA

Meine Eltern schickten mich nicht in eine amerikanische oder internationale Schule, sondern in eine mexikanische, die von katholischen Nonnen geführt wurde. Für diese Entscheidung bin ich ihnen trotz der Strenge des dortigen Schulsystems sehr dankbar, denn so konnte ich in die Kultur des Landes eintauchen und eine richtige kleine Mexikanerin werden.

Mein Draufgängertum hat das natürlich noch gefördert; mexikanische Kinder sind ziemliche Energiebündel und nicht leicht zu zähmen. Um diesem kindlichen Freiheitsdrang zu begegnen, musste die Schule umso unerbittlicher sein. Alle Schüler trugen eine einheitliche Uniform, die in mir eine tiefe Abneigung gegen Dunkelblau hinterlassen hat. Die Nonnen unterrichteten pro Klasse 60 Schüler und führten von 8 bis 15 Uhr ein hartes Regiment. Schläge waren damals noch nicht tabu, es setzte häufig Backpfeifen oder eins auf die Finger. Jeden Montag hatten wir in Galauniform anzutreten, die Landesfahne zu grüßen und die Nationalhymne zu singen. Zuspätkommende mussten schandvoll in der Ecke stehen – ein Bann, der mich des Öfteren traf.

Alle sechs Monate hatten wir anspruchsvolle Prüfungen abzulegen, von der ersten Klasse an. Hier war Pauken angesagt, das meine Mutter mit deutscher Gründlichkeit überwachte: Erst nach stundenlangen Hausaufgaben durften wir raus zum Spielen, ohne Ausnahme.

Das bunte und zufriedene Leben endete 1972 abrupt, als mein Vater bei einem Autounfall aus dem Wagen geschleudert wurde – er war im Gegensatz zu meinem Bruder und mir nicht angeschnallt gewesen. Vermutlich erlitt er ein Schädel-Hirn-Trauma, das dazu führte, dass er ab diesem Tag immer wieder halluzinierte. Eine Art Demenz kam hinzu. Unsere Mutter kümmerte sich rührend um ihn, aber er wurde immer sonderbarer.

Als seine Pflege zu Hause immer schwieriger wurde, reisten unsere erwachsenen Halbgeschwister an, um das weitere Vorgehen zu beraten. Gemeinsam mit meiner Mutter beschlossen sie, die ganze Familie in die USA zu holen, wo meine Halbschwester ein Sommerhaus auf Cape Cod in der Nähe von Boston besaß. Mein Vater sollte dort in einem Pflegeheim untergebracht werden.

So zogen wir zurück in die USA, und ich war zum ersten Mal entwurzelt. Zu diesem Zeitpunkt war ich knapp zwölfeinhalb Jahre alt, der Kulturschock zwischen dem warmen, heiteren Mexiko und dem eher kühl-zurückgezogenen Ostküsten-USA beendete meine Kindheit abrupt.

In einer Sache hatte ich Glück: Ich musste kein Schuljahr wiederholen, weil die mexikanischen Schulen vom Stoff her den amerikanischen voraus waren. Mein miserables Englisch stellte allerdings ein umso größeres Problem dar. Wie oft wurde ich wegen meines mexikanischen Akzents gehänselt!

Sechs Monate nach unserer Ankunft, am 20. Dezember 1973, starb mein Vater – drei Tage vor meinem 13. Geburtstag. Er hat uns zum Schluss nicht mehr erkannt. Ich erinnere mich an einen Ausflug ans Meer, den wir kurz vorher mit ihm gemacht haben. Er saß da und schaute aufs Wasser, und auf einmal sagte er: »Es tut mir so leid, dass ihr das alles durchmachen müsst meinetwegen.« Es war das letzte Mal, dass ich ihn sah.

Vaters Bestattung

Die Beerdigung meines Vaters in den USA war für mich ein Schock. Aus der Zeit in Mexiko waren mir Tote nicht fremd; gerade erst kurz bevor wir wegzogen, war unsere betagte Nachbarin gestorben. Sie lag in ihrem Haus aufgebahrt, eindeutig tot, traditionell mitten in einem Meer von Blumen. Als ich jedoch meinen Vater im Bestattungshaus in seinem Sarg sah, war ich wie vom Donner gerührt: Er sah total lebendig aus, seine Wangen waren rosig und er hatte sogar die Brille auf der Nase. Ich erwartete beinahe, dass er jeden Moment aufsteht! Die Verstorbenen, die ich bisher gesehen hatte, hatten einen ganz anderen Ausdruck im Gesicht als zu Lebzeiten, ihre Hautfarbe war anders … sie erschienen wie eine leere Hülle. Mein Vater aber sah frischer aus als vorher. Offenbar ertrug man es in den USA nicht, dass ein Toter wie ein Toter aussieht.

Erst später habe ich verstanden, dass mein Vater wohl thanatologisch behandelt worden war. Dabei saugt der Bestatter alle Körpersäfte ab und ersetzt sie durch Formaldehyd. Damit hält sich der Körper sehr viel länger und der Verwesungsprozess beginnt erst deutlich später. Ursprünglich stammt diese Konservierungsmethode aus dem Medizinstudium, wo man damit Leichen für den Anatomieunterricht aufbereitet hat. In den USA ließ man normalen Verstorbenen die gleiche Behandlung angedeihen und schminkte auch noch Gesicht und Körper. Womöglich empfinden es viele Menschen als angenehmer, wenn jemand »ganz normal« aussieht und nicht wie das, was er in diesem Moment nun einmal ist: ein Leichnam. In den USA wird das bis heute so gemacht, wenn man nicht ausdrücklich widerspricht. Für mich ist dieses Verfahren in seiner Unnatürlichkeit verwirrend und abstoßend.

Noch einmal Mexiko

Für meine Mutter war der Tod ihres Mannes zwar traurig, aber dennoch eine Erleichterung. Die letzte Zeit war für sie extrem anstrengend gewesen, da mein Vater in seiner Demenz wieder voll in die Kapitänsrolle geschlüpft, und alle ganz schön herumkommandiert hatte.

1974 gingen wir deshalb nach Mexiko zurück. In Cape Cod hielt uns nichts mehr und uns plagte das Heimweh. Diesmal kam ich allerdings auf eine kleine amerikanische Schule, damit ich mein Englisch nicht wieder verlernte.

Unser Haus hatten wir zwischenzeitlich an zwei Amerikanerinnen vermietet gehabt. Bei unserer Rückkehr stellte sich heraus, dass sie mit Drogen gehandelt, das Haus total heruntergewirtschaftet und einen Großteil unserer Sachen verkauft hatten. Mutter wurde fuchsteufelswild, setzte sie sofort vor die Tür und verklagte sie. Zum Glück gab es genug Beweise und die beiden kamen hinter Gitter.

Dieser Vorfall war nur der erste von mehreren Gründen, warum wir unsere Zelte in Mexiko schon nach zwei Jahren wieder abbrachen. Ein weitaus wichtigerer Anlass war meine Großmutter, die 77 Jahre alt war und der ihr Arzt wegen ihrer Herzkrankheit Besuche in Guadalajara verboten hatte. Aus dem Altersheim in Deutschland, in dem sie lebte, wollte Mutter sie unbedingt herausholen.

Der dritte Grund war ein spiritueller: Nach ihrer Überfahrt in die USA 1956 hatte meine Mutter in New York Kontakt zur

Christengemeinschaft aufgenommen. Unser Umzug nach Mexiko hatte ihr diese geistige Heimat genommen. Jetzt, nach dem Tod ihres Mannes, wollte sie sich wieder stärker mit der Anthroposophie verbinden.

Ein vierter Punkt auf der Liste war unsere finanzielle Zukunft. Denn Mexiko ging es gerade wirtschaftlich nicht gut und es stand eine massive Entwertung des Pesos bevor. Über kurz oder lang würde unser Geld kaum noch etwas wert sein.

Grund Nummer fünf kann ich erst so richtig nachvollziehen, seit ich selbst erwachsen bin: Meine Mutter hatte ernsthafte Sorge, dass ich mich in einen Mexikaner verlieben und womöglich dort sesshaft werden würde. Mexikaner können ja ziemliche Machos sein. Das hatte meine hübsche, europäisch aussehende Mutter häufig zu spüren bekommen und immer verabscheut.

Und sechstens hatte sie es gründlich satt, dass man in Mexiko mit Dingen, die in Deutschland ganz klar geregelt sind, stets auf sehr besondere Weise umgeht. Es ist ein ständiges Verhandeln und Diskutieren und Taktieren. Immer mal wieder muss man in Mexiko tricksen und schummeln und bestechen. Bei Problemen findet sich zwar immer ein Weg, aber der hat dann eben seinen Preis. Auf der anderen Seite ermöglicht genau das eine gewisse Unbeschwertheit. Der Straßenverkehr zum Beispiel ist komplett chaotisch, und doch passieren vergleichsweise wenig Unfälle – weil man sich grundsätzlich nicht auf Regeln verlässt. Dasselbe gilt für Gesetze: Es gibt sie, aber man nimmt sie nicht so ernst.

Dass Mutter auf der Klaviatur der dadurch entstehenden Möglichkeiten durchaus meisterhaft spielen konnte, wenn sie wollte, schmälerte nicht ihre Abneigung dagegen. Dieser Lebensstil entsprach einfach nicht ihren Moralvorstellungen und lastete richtiggehend auf ihrer Seele. Außerdem wollte sie nicht mehr die ganze Verantwortung alleine tragen müssen, sie hatte Heimweh nach Deutschland und nach ihrer Mutter.

In buchstäblich letzter Minute konnten wir unser Haus verkaufen. Nur einen Tag später gaben die Banken keine Kredite mehr, was alles zunichtegemacht hätte, denn die Käufer brauchten ja das Geld! Der Erlös aus dem Verkauf war unser Kapital: Meine Mutter war schon lange nicht mehr berufstätig und ihre Witwenrente daher bescheiden.

Wieder standen wir vor der Frage: Wohin gehen wir? Die Entscheidung fiel auf Freiburg. Es liegt nahe bei Dornach, der Heimat der Anthroposophie, wo auch das Goetheanum mit der Freien Hochschule für Geisteswissenschaften angesiedelt ist. Dort war die geistige Heimat meiner Mutter.

In Deutschland

In einem Vorort von Freiburg fanden wir eine kleine Einzimmerwohnung. Die vierzig Quadratmeter unterm Dach teilten wir uns zu viert: meine Mutter, mein Bruder, ich und unsere Großmutter. Zwar hatte jeder seine Ecke, aber es war doch sehr beengt, zumal mein Bruder begann, in die Höhe zu schießen – innerhalb eines Jahres um zwanzig Zentimeter! Gottlob zogen wir acht Monate später ins fünf Kilometer entfernte Oberried, in ein ganzes Haus nur für uns.

Meine Mutter fand Arbeit als Hauswirtschaftsleiterin in der Friedrich-Husemann-Klinik in Buchenbach bei Freiburg, einer anthroposophischen Fachklinik für Psychiatrie und Psychotherapie. Die Hauswirtschaft war zwar nicht ihr Beruf, aber sie war froh um den Job – und die Arbeit lag ihr. Überdies konnte sie schon nachmittags wieder zu Hause sein, weil sie frühmorgens begann.

Die Suche nach einer Schule für mich und meinen Bruder

gestaltete sich schwieriger als geplant: keine hatte einen Platz für uns, außer einem Gymnasium in Kirchzarten. Am ersten Tag führte mich der Direktor in die 9b und stellte mich vor: »Das ist Angela, sie kommt direkt aus Mexiko.« Ich fühlte mich, als hätte er gesagt: »Das ist Angela, sie kommt direkt vom Mond« – in diesem Alter ist einem ja alles peinlich und ich wollte am liebsten in der Erde versinken.

Die Lehrer bestanden darauf, dass ich in Windeseile Deutsch sprechen und schreiben lernte. Außerdem musste ich die neunte Klasse wiederholen und eine riesige Menge an Stoff komplett neu erarbeiten, weil ich die letzten zwei Jahre an einer viel langsameren amerikanischen Schule gewesen war. Das alles bedeutete jeden Tag vier bis sechs Stunden Hausaufgaben. Ich verstand ja kaum ein Wort und musste alles nachschlagen! Man traf mich nie ohne Wörterbuch an, und zur Not musste mir meine Mutter die Begriffe auf Englisch oder Spanisch erklären. So habe ich Deutsch gelernt.

Meine Großmutter hat in dieser Zeit gekocht und geputzt, darin war sie perfekt. Weil sie immer warmherzig und lieb zu uns war, klappte das Zusammenleben in der anfänglichen Beengtheit einigermaßen. Meine Mutter hingegen war bei aller Wärme, die sie ausstrahlen konnte, doch sehr streng, oft überarbeitet und dann mit den Nerven am Ende. Wir beide stritten viel. Und ich hatte schreckliches Heimweh nach meinem geliebten Mexiko.

Unter diesen Umständen dauerte es lange, bis ich einigermaßen zurechtkam. Trotz aller Mühen blieben meine Noten durchschnittlich bis schlecht, was mich so frustrierte, dass ich nach der zehnten Klasse abging. Ohnehin hatte ich mittlerweile ein Musikstudium ins Auge gefasst. Dafür brauchte ich kein Abitur, und so nahm ich den Klavierunterricht, mit dem ich schon als Achtjährige begonnen hatte, bei einem Dozenten der Hochschule für Musik und Darstellende Kunst in Freiburg wieder auf. Letztlich scheiterte das Vorhaben aber daran, dass ich zum Üben nicht lange genug stillsitzen konnte.

In dieser Zeit stellte man bei meiner Mutter Gebärmutterkrebs im fortgeschrittenen Stadium fest. Bei der sofort angesetzten Operation konnte der Tumor nicht vollständig entfernt werden und es war unklar, wie lange sie noch leben würde. Bestimmt hing die Erkrankung auch mit dem unglaublichen Druck zusammen, dem sie in den Jahren zuvor ausgesetzt war: die Pflege und der Tod ihres Mannes, die Umzüge zwischen den Kontinenten, die alleinige Verantwortung für uns Kinder und ihre kranke Mutter, die Wohnungssuche, meine ewigen Schwierigkeiten in der Schule und die Unsicherheit, wie es mit uns weitergehen würde. Ihr Leben lang hat sie ihre ganze Kraft in die Familie investiert – und jetzt war sie damit offenbar am Ende.

Ausgerechnet in diesen Tagen lernte ich auf der Straße ein amerikanisches Ehepaar kennen. Der Mann war ein Deutscher, der in die USA ausgewandert war und dort für eine deutsche Firma arbeitete. Seine Frau war Amerikanerin, sie hatten zwei Kinder im Alter von sieben und neun Jahren. Wir freundeten uns an. Als feststand, dass sie in die USA zurückgehen würden, luden sie mich ein, mitzukommen – sie kannten meine schwierige Situation zu Hause.

Dort hielt ich es nämlich einfach nicht mehr aus. Gerade kam alles zusammen: Das Ende der Schule, die hingeworfene Vorbereitung aufs Klavierstudium, die unklare Zukunft, die Krankheit meiner Mutter. Mir wurde alles zu eng, obwohl wir inzwischen in dem neuen Haus wohnten. Meine mexikanische Freiheitsliebe brachte meine Mutter auf die Palme, ich dagegen fand sie viel zu »deutsch« und zu engstirnig. Wir lagen deshalb ständig im Clinch und daran änderte sich auch nichts, als sie krank wurde. Die Situation war schon zu eingefahren, so konnte es nicht weitergehen.

Ich musste weg … und hier bot sich eine einmalige Gelegenheit, aus Deutschland wegzukommen und in ein Land zurückzukehren, das mir zumindest nicht ganz so fremd war. Finanzieren konnte ich das über die kleine Waisenrente und ein Sparkonto, das meine Halbgeschwister bei meiner Geburt für mich eingerichtet hatten. In den USA ist es üblich, auf diese Weise für die spätere Ausbildung zu sparen, die meistens viel Geld kostet.

Ich erwog also alle Fürs und Widers und rang das schlechte Gewissen meiner kranken Mutter gegenüber nieder. Hier würde es ihr, wenn ich bliebe, mit dem ewigen Streit ja auch nicht besser gehen – und ich selbst musste einfach meinen eigenen Weg gehen.

An dem Tag, als ich meiner Mutter erzählte, dass ich in die USA gehen würde, war sie sehr still. Ich glaube, innerlich war sie komplett entsetzt über diesen Entschluss, doch zu mir sagte sie nur ruhig: »Bitte schneide die Nabelschnur noch nicht ganz durch.« Ebenso wenig wie ich wollte sie unsere Beziehung vollständig kappen, aber sie wusste, dass sie mich nicht daran hindern konnte wegzugehen. So buchte ich im Februar 1979, gerade 18 Jahre alt, einen Flug nach Kalifornien.

Die deutsch-amerikanische Familie, bei der ich unterkam, wohnte in San José, etwa eine Stunde südlich von San Francisco. Mein Plan war, nach zwei Jahren am dortigen College ein Sprachstudium zu beginnen und Lehrerin zu werden – möglichst an einer Waldorfschule. Ich schrieb mich am Junior College ein, doch es zeigte sich schnell, dass es nicht die richtigen Kurse für mein Studienziel anbot. Deshalb richtete ich den Blick nach San Francisco, wo ich mittlerweile neue Freunde und einen Platz in einer Wohngemeinschaft gefunden hatte. Dort belegte ich am College und später an der San Francisco State University Literaturkurse und Linguistik. Meinen Lebensunterhalt verdiente ich mit Nebenjobs als Sekretärin.

Obwohl ich viel um die Ohren hatte, fehlte mir meine Familie doch sehr. Noch nie war ich länger als drei Wochen von Mutter und Bruder getrennt gewesen und jetzt war ich schon richtig lange weg von Zuhause. Internationale Telefonate waren damals noch extrem teuer, weshalb wir sie uns nur einmal in der Woche leisteten. Umso mehr Briefe gingen über den Ozean hin und her.

Nach anderthalb Jahren, im Juli 1980, flog ich zum ersten Mal wieder nach Deutschland, was sich allerdings als keine gute Idee herausstellte. Meine Mutter behandelte und bevormundete mich wie ein Kind – genau wie vor meiner Abreise. Insofern war ich heilfroh, als ich nach zwei Monaten wieder ins Flugzeug zurück nach San Francisco steigen konnte. Danach rief ich nur noch selten an und schrieb kaum noch Briefe. Für meine Mutter war das sicher schwierig, aber ich brauchte den Abstand unbedingt, um endlich erwachsen zu werden.

Der Konflikt gärte jedoch weiter in mir; ganz so cool, wie ich es mir immer einreden wollte, war ich dann wohl doch nicht! Deshalb setzte ich mich Anfang Februar 1981 hin und schrieb meiner Mutter einen zehn Seiten langen Brief. Ich schüttete darin mein ganzes Herz aus und versuchte mich zu erklären: warum ich weggegangen war, warum ich immer noch der Meinung war, dass das richtig gewesen war, warum ich mich ihr gegenüber abgrenzen musste und dass ich sie trotz allem lieb hatte.

Zwei Tage, nachdem ich den Brief losgeschickt hatte, rief mein Bruder an. Ich solle sofort kommen, unsere Mutter liege im Sterben, sie habe noch maximal zwei Wochen zu leben. 24 Stunden später saß ich im Flugzeug.

So sehr sich meine Mutter freute, dass ich gekommen war, und auch wahrnahm, dass ich inzwischen erwachsen geworden war, so wenig erfreute sie mein Brief, der zwei Tage nach mir eintraf. Es hatte ihr doch sehr viel ausgemacht, dass ich sie und die Familie verlassen hatte.

Weil sie sich wünschte, in der anthroposophischen Lukasklinik in Arlesheim in der Schweiz sterben zu dürfen, brachten wir sie dorthin. Schon während der Fahrt wäre sie fast gestorben. Ich musste ständig weinen, aber sie sagte nur: »Reiß dich zusammen, sonst kannst du mir nicht helfen.« Damit hatte sie natürlich recht.

In den drei Tagen, die sie noch zu leben hatte, war ich Tag und Nacht bei ihr. Sie hatte keinerlei Kraft mehr und war sehr unruhig. Damals wusste ich noch nicht, dass das typisch für Menschen in der letzten Sterbephase ist, und war entsprechend überfordert. Am frühen Morgen konnte ich nicht mehr und legte mich ein paar Stunden schlafen. Mittags war klar, dass es nicht mehr lange dauern würde. Gerade noch konnte ich ihr sagen, dass ich sie lieb habe – sie lächelte. Wenig später starb sie. Es war der 9. März 1981. Sie wurde 58 Jahre alt.

Für meine Großmutter war der Tod ihrer Tochter ein großer Schmerz. Kaum etwas ist ja schlimmer, als wenn ein Kind vor den Eltern stirbt. Andererseits war meine Großmutter mit »jenseitigen Belangen« bereits vertraut; in ihrem Heimatdorf war sie zum Beispiel dafür bekannt, kommende Unglücke spüren zu können – zum Beispiel den beinahe tödlichen Flugzeugabsturz ihres Sohnes im Krieg.

Später hatte sie bei einem ihrer Angina-Pectoris-Anfälle ein Nahtoderlebnis. Sie erzählte von einem Strom von Wärme, Licht und Liebe, den sie dabei erlebt hatte, von einer schönen Wiese und zauberhafter Musik. Ihr verstorbener Mann kam auf sie zu, mit einem kleinen Jungen an der Hand, ihrem Sohn, der mit acht Jahren gestorben war. Mein Großvater sagte nur: »Du kannst noch nicht kommen. Du hast noch eine Aufgabe!« Man hat sie reanimiert und sie war sehr verärgert, dass sie wieder zurück musste. Jetzt aber war klar, worin ihre Aufgabe bestand: sich nach dem Tod unserer Mutter, der eine riesige Lücke hinterlassen hatte, um uns Kinder zu kümmern, auch wenn wir fast erwachsen waren.

Nach all dem wollte ich vorerst in Deutschland bleiben. Mit viel Glück ergatterte ich einen Platz beim sogenannten »Junior Year Abroad Program« der Freiburger Uni, das Studierenden aus dem Ausland zwei Gastsemester ermöglichte, und belegte Kurse in deutscher und spanischer Literatur.

Das Zusammenleben mit Bruder und Großmutter gestaltete sich jedoch als ebenso schwierig wie das mit meiner Mutter, und so plante ich gegen Ende des Jahres zügig meine Rückkehr in die USA. Mein Bruder war inzwischen fertig mit der Schule und wollte seiner eigenen Wege gehen, Großmutter ging zurück ins Altersheim.

So stand ich wie schon viele andere Male vor der Frage nach dem Wohin. Die meisten anderen »Abroad-Studenten« in der Freiburger Uni studierten an der University of Michigan in Ann Arbor. Etwas blauäugig bewarb ich mich dort, nicht wissend, dass diese Universität nicht nur eine der besten im ganzen Land ist, sondern auch die, an der mein Vater nebst seinen Brüdern seinen Abschluss gemacht hatte. Als meine Halbgeschwister von meinem Vorhaben hörten, übernahmen sie deshalb großzügig die teuren Studiengebühren – eine äußerst generöse Geste, für die ich sehr dankbar war und bin. Allein hätte ich mir das nie leisten können.

Lehr- und Wanderjahre

So kam es, dass ich im Sommer 1982 das Studium an einer Eliteuniversität aufnahm. In einem anthroposophisch geführten Studentenwohnhaus wurde genau zur richtigen Zeit ein Zimmer für mich frei; in dieser Gemeinschaft fühlte ich mich wohl.

Der Leistungsdruck an der Uni war jedoch enorm. Die Paukerei war kein Vergleich zu allem, was ich bisher durchgemacht hatte. Entschlossen, diesmal nicht aufzugeben, biss ich mich trotzdem durch und machte zwei Jahre später ein ganz passables Examen in Spanisch und Deutsch.

Emotional zog es mir kurz zuvor noch einmal den Boden unter den Füßen weg, weil ich kurz hintereinander drei mir nahestehende Menschen verlor: Meine beste Freiburger Freundin wurde von einem Auto überfahren, dann starb in New York meine Tante, bei der sich unsere weltweit verstreute Familie immer wieder getroffen hatte, und zuletzt erlag auch noch meine Großmutter endgültig ihrem Herzleiden. Außerdem war inzwischen das Haus in Oberried verkauft worden. Jetzt war alles weg: Mutter, Großmutter, Tante und beste Freundin tot, das Haus verkauft. Ich hatte keine Heimat mehr.

Wieder einmal stand meine gesamte Zukunft auf dem Prüfstand. Bislang war es mein Ziel gewesen, nach dem Abschluss als Lehrerin an eine Waldorfschule zu gehen. In den USA wird der Pädagogikabschluss aber nicht überall anerkannt, deshalb hätte ich in beinahe allem einen erneuten Abschluss machen müssen. Darauf hatte ich keine Lust. Eine meiner Professorinnen schlug eine Promotion vor, aber ich hatte die Nase voll vom Studieren, ich wollte in die Welt hinaus!

Da erinnerte ich mich an meine Patentante Joan in Schottland. Sie arbeitete in einer Camphill-Einrichtung in Aberdeen, einer Schul- und Lebensgemeinschaft für Menschen mit Behinderung. Hier erhalten seelenpflegebedürftige Menschen jede notwendige Hilfe, werden aber gleichzeitig ins normale Leben integriert, damit sie sich und ihre Fähigkeiten bestmöglich entwickeln können. Schon 1939 war der Gründer dieser Einrichtungen, der ins Exil geflohene Wiener Arzt Karl König, entgegen der damals verbreiteten Lehrmeinung überzeugt: In jedem Menschen lebt eine gesunde innere Persönlichkeit, unabhängig von seinen leiblichen und seelischen Beeinträchtigungen. Dabei bezog er sich unter anderem auf die pädagogischen und sozialen Konzepte von Rudolf Steiner. Das von König begründete »Camphill«-Konzept umfasst biologisch-dynamische Landwirtschaft, Schulen, Werkstätten, Küchen und Bäckereien, was ein weitgehend autarkes Leben ermöglicht. Für geistige Nahrung sorgen künstlerische Angebote mit Musik, Theater und Malerei. Diese Einrichtungen gibt es heute in mehr als zwanzig Ländern der Welt; Aberdeen war die erste von ihnen.

Im Juni 1984 brach ich also meine Zelte in Ann Arbor ab und flog nach Schottland, um mich bei dieser Gelegenheit auch näher mit der Anthroposophie zu beschäftigen, die ich über meine Mutter ja bereits kennengelernt hatte.

Zwei Jahre blieb ich dort und ging in der Gemeinschaft von rund hundert Menschen mit Behinderung und hundert Mitarbeitern voll auf. Die Achtung aufeinander bei trotzdem jederzeit spürbarer Freiheit war einmalig. Am meisten beeindruckte mich, welche starken Persönlichkeiten ich an diesem Ort kennenlernen durfte. Noch heute sehne ich mich oft dorthin zurück.

Nach dieser intensiven Zeit hatte mich die Anthroposophie endgültig gepackt. Nun wollte ich tiefer in ihre Grundlagen eintauchen – am Priesterseminar in Stuttgart. Vorher jedoch besuchte ich noch meine Freunde in aller Welt: Sechs Monate war ich in Venezuela, Kolumbien, Mexiko und den USA unterwegs. Danach, an Ostern 1987, begann mein Studium am Priesterseminar. Finanziell war das durch das Erbe meiner Mutter und den Hausverkauf möglich.

Ich bin von Anfang an christlich erzogen worden. Getauft wurde ich auf Initiative meiner Mutter noch in der Christengemeinschaft in New York. In Mexiko war ich dann auf einer katholischen Nonnenschule, aber sonntags gingen wir in die episkopalische Kirche, der mein Vater angehörte.

Um uns nicht mit noch weiteren religiösen Ansichten zu verwirren, hatte sich meine Mutter während der Jahre in Mexiko zurückgehalten, was ich im Rückblick sehr weise von ihr finde. Trotzdem hatte ich mich schon als Kind weder im Katholizismus noch in der episkopalischen Kirche zu Hause gefühlt. Erst in Freiburg war ich durch meine Mutter in Kontakt zur Christengemeinschaft gekommen – und spürte sofort: Das ist es. Das hatte ich die ganze Zeit gesucht.

Insofern war die Arbeit am Priesterseminar eine geistige Goldgrube für mich. Ich durchschritt und durchlebte alle spirituellen Aspekte der Anthroposophie, auf eine gute strukturierte Art und Weise. Der einzige Wermutstropfen war die strenge Hierarchie am Seminar; hier eckte ich mit meinem mexikanischen Temperament immer wieder an. Eine schwierige Situation: Einerseits war ich endlich am Ziel meiner Träume … und doch wieder einmal fremd. Ich war einfach von meinem Wesen her durch und durch Lateinamerikanerin, aber man erwartete von mir »deutsches« Verhalten! Das konnte ich nicht erfüllen. Zudem hatte ich meine Sehnsucht nach Mexiko ständig unterdrücken müssen – die Entwurzelung hätte sonst zu wehgetan.

Als mir das klar wurde, suchte ich das Gespräch mit der Leitung des Priesterseminars. Spontan bot man mir an, in Peru eine Gruppe von Menschen zu begleiten, die bisher ein- bis zweimal im Jahr von Priestern der Christengemeinschaft besucht worden war und sich sonst nur zu den Jahresfesten getroffen hatte. Meine Arbeit sollte die Frage klären, ob es realistisch wäre, dort eine richtige Gemeinde zu gründen. Außerdem sollte ich mir darüber klar werden, ob mich mein Weg als Lehrerin in eine Schule führen sollte oder als Pfarrerin in eine Kirche.

Was für eine Aufgabe! Bei allem Stolz darüber, dass man mir das zutraute, hatte ich ziemliche Angst vor meiner eigenen Courage. In Peru kämpfte gerade die terroristische Gruppierung »Sendero Luminoso«, auf Deutsch »Leuchtender Pfad«, um die Machtübernahme im Land. Die stetigen Anschläge und die gewaltsame Unterdrückung hatten bürgerkriegsähnliche Zustände geschaffen. Ein Peruaner, der früher beim Militär gewesen war, bat mich inständig, mir das alles gut zu überlegen. Ich rang mit mir.

Eine Pfarrerin gab mir den klugen Rat, drei Tage lang nicht über meine Überlegungen zu sprechen und meine Frage, ob ich den Auftrag annehmen sollte, drei Nächte mit in den Schlaf zu nehmen. Es hat eine ungeheure Intensität, wenn man so lange nicht über eine Frage spricht, die einen bis ins Innerste bewegt. Und tatsächlich: Im Traum sah ich das Haus, in dem wir in Mexiko früher gewohnt hatten ... aber es war umgeben von Dünen, die es in Guadalajara gar nicht gibt. Beim Aufwachen wusste ich, dieser Ort muss Peru gewesen sein. Und ich beschloss: Ich werde es wagen.

Acht Wochen später, im Sommer 1988, sah ich im Landeanflug auf Lima genau diese Dünen. Es war die Küste von Peru.

In Peru

Die Anfänge in Lima waren nicht gerade vielversprechend. Täglich hörte ich neue Schauergeschichten über Entführungen, Bomben, Stromausfälle, Wasser- und Essensknappheit. Mir war ausgesprochen mulmig. Und ich fror fürchterlich, weil ich – ziemlich naiv – nur Sommersachen eingepackt hatte; auf der südlichen Halbkugel war aber gerade Winter! Eine Woche später war ich bereits drauf und dran, wieder abzureisen … aber anstatt nach dem Koffer griff meine Hand nach dem Neuen Testament. Ich las das Lukas-Evangelium von Anfang bis Ende. Danach stand mein Entschluss fest: Ich bleibe. Ich hatte hier schließlich einen Auftrag zu erfüllen, und ich konnte doch nicht schon wieder vor etwas davonlaufen! Wenn nicht ich mit den Menschen hier arbeitete, wer sollte es dann tun?

Als Erstes berief ich ein Treffen für die künftige Gemeinde ein. Es kamen siebzig Menschen. Ich erzählte alles, was ich auf dem Priesterseminar gelernt hatte, und am Schluss fragte ich: »Habt ihr Lust, das künftig regelmäßig zu machen? Wollt ihr daran mitarbeiten, dass wir hier eine richtige Gemeinde werden? Was braucht ihr dafür? Was sind eure Bedürfnisse?« Und plötzlich füllte sich die Tafel mit Vorschlägen und Wünschen: Wir wollen regelmäßigen Religionsunterricht für die Kinder. Wir wollen alle Jahresfeste zusammen feiern. Wir möchten gemeinsame Ausflüge machen. Wir wollen uns regelmäßig treffen und an einer bestimmten Lektüre arbeiten.

Innerhalb kürzester Zeit stand das Programm, ohne dass ich etwas dafür vorgegeben hatte, alles kam von den Leuten selbst. Auch die Frage des Mitgliedsbeitrags, vorher ein grundsätzlicher Streitpunkt, war schnell geregelt: Jeder sollte geben, so viel er konnte. Und siehe da: Aus der Freiheit heraus kam viel mehr zusammen als erwartet.

Zwei Jahre blieb ich in Lima. Im Oktober 1990, an Michaeli, wurde die Gemeinde gegründet. Sogar die Kirche, deren Entstehungsprozess ich noch mit begleiten durfte, wurde rechtzeitig fertig. Leider konnte ich diesem großen Ereignis nicht mehr beiwohnen, denn zwischenzeitlich hatte ich auch meinen anderen Auftrag erfüllt und mich entschieden: Ich wollte nicht Lehrerin, sondern Pfarrerin werden. Dafür musste ich pünktlich zu Semesterbeginn wieder in Stuttgart am Priesterseminar sein.

Das Lernen ging also weiter. Im sechsten Semester wurde mir jedoch klar, dass ich kein Mensch bin, der stundenlang am Schreibtisch sitzen kann – ich sehnte mich nach praktischer Arbeit! Außerdem wollte ich die Christengemeinschaft in Deutschland besser kennenlernen. Ich war vertraut mit Gemeinden in zehn Ländern, aber nicht mit denen im Land meiner Mutter.

An Ostern 1992 schickte man mich deshalb nach Berlin zu einem Praktikum. Schon bei der Ankunft verliebte ich mich in den freien Geist der Stadt, die Gemeinde selbst – und Hals über Kopf in einen Mann. Zwei Jahre später heirateten wir.

Das war wunderbar, doch die Perspektive, Pfarrerin zu werden, war damit passé – es war ja klar, dass man mich in diesem Fall wieder nach Lateinamerika geschickt hätte. Ich wollte aber in Berlin bei meinem Mann bleiben. Das war fast wie ein heftiger Todesprozess. Immerhin hatte ich gerade erst gedacht, meine Berufung gefunden zu haben, und jetzt musste ich nochmals alles neu denken! Was konnte ich nur mit all dem, was ich bisher gelernt hatte, anfangen?

Auf der Suche

Zu Beginn unserer Ehe machte mein Mann mir ein großes Geschenk: Er schlug mir vor, erst einmal zu Hause zu bleiben und durchzuatmen. Diese Pause war mir nach dem Stress der letzten Jahre mehr als willkommen. Zudem verschaffte mir das die Ruhe, die ich brauchte, um mich neu zu orientieren.

Schließlich begann ich in einem ambulanten Pflegedienst zu arbeiten, zuerst als Aushilfe, dann in Vollzeit. Weil ich dafür nicht die erforderliche Ausbildung hatte, setzte man mich überwiegend im Bereich Hauswirtschaft ein. Das Spritzen jedoch hatte ich bei der Pflege meiner Mutter gelernt, und so konnte ich mit der Zeit auch Aufgaben in der »richtigen« Pflege übernehmen. Leider reagierte meine Haut nach fünf Jahren allergisch auf die Desinfektionsmittel und mein Rücken machte Probleme. Das bedeutete wieder einmal das Ende einer Arbeit, die ich wirklich mochte.

Leicht verzweifelt schrieb ich mich an einer Heilpraktikerschule ein – und setzte die Prüfung dreimal in den Sand. Es waren doch zu viele medizinische Vorkenntnisse gefragt, die ich einfach nicht hatte. Trotzdem habe ich auch dabei viel gelernt, was mir heute zugutekommt

Die daran anschließende Ausbildung und Praxis in der Strömungsmassage nach Dr. Simeon Pressel gefiel mir ebenfalls, aber ich wollte lieber mit mehreren Menschen arbeiten statt mit einzelnen Patienten. So gab ich auch das wieder auf und engagierte mich stattdessen in einer Projektgruppe für ambulante anthroposophische Pflege des Gemeinschaftskrankenhauses Havelhöhe – und für die Gründung eines stationären Hospizes. 2004 wurde das Christophorus-Hospiz eröffnet, 2005 begann ich einen Kurs für ehrenamtliche Sterbebegleitung. Schon vorher hatte ich aufgrund meiner seelsorgerischen Erfahrung aus dem Priesterseminar Sterbende begleiten dürfen. Im Rahmen dieses einjährigen Kurses musste ich mich jetzt erstmals mit meinem eigenen Tod auseinandersetzen.

Einer Festanstellung im Hospiz standen leider meine fehlende pflegerische Qualifikation sowie die Allergie und meine Rückenschmerzen im Wege. Gerade als ich damit noch haderte, sprang mir in der Zeitung eine Annonce ins Auge: »Berufsorientierungskurs für Akademikerinnen«. Dafür meldete ich mich an. Wir waren zwanzig »studierte« Frauen, drei davon hatten sogar promoviert. Offenbar ist ein Doktortitel keine Garantie für einen stabilen Zukunftsplan. Das fand ich sehr beruhigend. Der Kurs wurde von zwei Frauen geleitet. Wir besprachen die Träume unserer Kindheit und Jugend und verglichen sie mit den Fähigkeiten, die wir bis heute erworben hatten.

Dabei wurde deutlich, dass der erste Beruf häufig dem Wunsch der Eltern entspricht und erst der zweite oder dritte den eigenen Vorstellungen. So hatte ich es tatsächlich erlebt: Meine Mutter wollte immer Klavier spielen können und hatte deshalb meine Pläne für die Musikhochschule unterstützt … und ebenso wünschte sie sich, dass eines ihrer Kinder Priester wird.

In diesem Kurs kam mir eine Berufsidee, an die ich schon einmal gedacht hatte: Bestatterin. Fünf Jahre zuvor hatte ich nämlich mit meiner Mentorin in der anthroposophischen Pflegeinitiative gesprochen. Marly Joosten, die ich sehr bewunderte, war sowohl Krankenschwester als auch Bestatterin und hatte in Herdecke einen ambulanten Hospizdienst aufgebaut. Damals war ganz vorsichtig die Idee in mir aufgekeimt, das irgendwann ebenfalls zu machen.

Als der Plan jetzt frisch wieder hochkam, ging mir auf, worin der Sinn meines an eine Irrfahrt erinnernden Lebensweges lag: All die verschiedenen Fähigkeiten, die ich »unterwegs« erworben hatte, würde ich als Bestatterin brauchen können! Auf einmal fiel alles an den richtigen Platz.

Endlich angekommen

Die Frage war nur: Wer sollte mich ausbilden? Die großen Berliner Bestatter kamen nicht infrage, sie waren mir zu wirtschaftlich orientiert, zu unpersönlich. Ich legte Wert auf das Menschliche, den Umgang mit dem Verstorbenen und natürlich den Angehörigen. Da fiel mir Ulrich »Uller« Gscheidel ein, den ich beim Kurs für Sterbebegleitung kennengelernt hatte. Er ist einer der Väter des alternativen Bestatter-Netzwerks. Nicht wissend, dass er ähnliche Anfragen ständig erhielt und meist ablehnte, rief ich ihn an. Und siehe da: Irgendetwas brachte ihn dazu, bei mir eine Ausnahme zu machen.

Neun Monate lang begleitete ich Uller bei allem, was mit einer Bestattung zu tun hat. Als Buddhist arbeitet er ausschließlich mit den Elementen der Natur und des Menschen selbst – das hat meinen anthroposophischen Horizont noch einmal ein Stück erweitert. Nach einem dreiviertel Jahr stieß er mich liebevoll, aber energisch aus dem »Nest« und sagte, ich solle mich jetzt selbstständig machen und an meinen eigenen Fehlern weiterlernen. Mir rutschte das Herz in die Hose … hoffentlich würde das alles gut gehen!

Als Erstes überwand ich tapfer meine Behördenphobie und meldete bei der Handwerkskammer mein Gewerbe an. Auf dem Anmeldeformular steht der 7. Februar 2007, doch wirklich gegründet habe ich mein Unternehmen am 9. März, dem Todestag meiner Mutter. Neun Jahre nach ihr war auch mein Patenonkel an genau diesem Tag gestorben. Sie beide sollten von der »anderen Seite« aus ihre schützenden Hände über meine neue Zukunft halten.

Bis ich mich der Öffentlichkeit bekannt machen konnte, musste freilich noch einiges geschehen. Vor allem brauchte ich eine Website, und dazu gibt es eine ganz besondere Geschichte. Mitten in der Gründungsphase fragte mich ein Grafiker aus meinem Bekanntenkreis, ob nicht er die Gestaltung meiner Website übernehmen könne. Im Tausch dafür solle ich einfach, wenn es an der Zeit sei, seine Bestattung ausrichten. Dieser leicht verrückt klingende Deal war genau nach meinem Geschmack und wir legten los. Bei einem intensiven Termin legte jeder seine Wünsche dar – ich für die Website, er für seine Beerdigung. Die Stunden, die er an meinem Internetauftritt arbeitete, schrieb er immer gewissenhaft auf. Ein paar Jahre später bekam ich einen Anruf: Er war überraschend gestorben. Als ich wie vereinbart seine Beerdigung ausrichtete und die Kosten mit denen für die Website verglich, staunte ich nicht schlecht: Das Tauschgeschäft war auf Heller und Pfennig aufgegangen.

So bin ich mit 46 Jahren endlich dort angekommen, wo ich hingehöre. Menschen zu begleiten – sowohl diejenigen, die gehen, als auch diejenigen, die bleiben –, ist für mich Erfüllung. Ich erlebe mich wie eine Hebamme am anderen Tor des Lebens. Dafür, dass ich meine gesammelten Erfahrungen jeden Tag in den Dienst eines menschlichen Sterbens stellen darf, bin ich sehr dankbar.

Neben den Bestattungen leite ich noch mehrere Arbeitsgruppen. Sie bieten Hinterbliebenen eine Perspektive, um mit dem Verlust nahestehender Menschen umzugehen und auf liebevolle Weise mit den Verstorbenen in Kontakt zu bleiben. Ich bin zum Beispiel überzeugt davon, dass die Toten von ihrer Seite aus mitwirken, wenn sich plötzlich im Alltag Probleme lösen.

Es ist mir ein Anliegen, den Menschen die Angst vor dem Tod zu nehmen. Deshalb ermuntere ich die Hinterbliebenen dazu – falls sie das möchten –, ihre Verstorbenen mit oder ohne Hilfe durch mich zu waschen, einzuölen, anzuziehen und in den Sarg zu betten. Dieser Abschied vom Körper ist in meinen Augen ebenso wie die Bestattungsfeier etwas, das den Abschied leichter macht. Ich möchte diejenigen, die bleiben, davor bewahren, gerade in diesem wichtigen Prozess von ihren Liebsten entfremdet zu werden. Und ich möchte den Tod aus der düsteren Tabuzone holen, damit er, bei hellem Tageslicht und fröhlichen Gedanken betrachtet, als Teil des Lebens wahrgenommen und geehrt werden kann.

Das waren auch die Gründe, warum ich dieses Buch auf den Weg bringen wollte. Ich hoffe, es ist verständlich geworden, warum ich zuerst meinen bisherigen Lebensweg mit all seinen Irrungen und Wirrungen schildern musste. Nur so, denke ich, kann man verstehen, warum ich den Tod so leidenschaftlich als Teil des Lebens und den Sterbetag als Himmelsgeburtstag feiere.

»Bestatter sein ist ein Übungsweg«

*Uller Gscheidel war einer der Ersten, der in Berlin eine andere Art des Bestattens anbot. Heute gehört er wie auch Angela Fournes zum Netzwerk »Portadora«. Auf der Visitenkarte seines Unternehmens Charon Bestattungen steht das Wort »Fährdienste« – nicht ohne Grund, denn Charon ist in der griechischen Mythologie der Fährmann, der die Seelen der Verstorbenen zum Eingang der Unterwelt bringt. Wir haben ihn gebeten, uns zu erzählen, wie er zum Bestatten gekommen ist und was ihn und die Arbeit des Bestatter*innen-Netzwerkes auszeichnet.*

Wie die meisten Menschen hatte ich ursprünglich mit dem Tod und vor allem dem Bestatten nichts zu tun. Ich habe mich nur theoretisch damit beschäftigt, aus buddhistischer Sicht. Den ersten praktischen Kontakt mit dem Thema hatte ich, als mein Vater starb, das ist jetzt zwanzig Jahre her.

Wir kamen in ein angesehenes Bestattungsunternehmen vor Ort und blieben da drei Stunden. Es ging ausschließlich um organisatorische Fragen wie: Welcher Sarg soll es sein, aus welchem Holz, wie soll er ausgeschlagen sein, welches Totenhemd, wie viele Buchsbäumchen hätten Sie gerne bei der Trauerfeier, wie viele Kandelaber … lauter solche Dinge. Am Ende bekamen wir die fertig gedruckten Trauerkarten mitsamt frankierten Umschlägen in die Hand. Man könnte sagen, das war eine Top-Dienstleistung. Unser Gefühl aber war: und jetzt?

Als ich sagte, dass ich unbedingt dabei sein wollte, wenn mein Vater abgeholt wird, fiel der Chefin des Bestattungsunternehmens erst einmal die Kinnlade runter. Dann fing sie sich allerdings schnell und sagte: »Selbstverständlich, Herr Gscheidel.« Als die beiden Männer vom Fahrdienst kamen, waren sie sehr verunsichert, weil sie das eben überhaupt nicht kannten, dass ein Angehöriger bei der Abholung dabei ist.

Später richteten sie meinen Vater her – ohne mein Dabeisein. Sie klebten ihm den Mund mit Sekundenkleber zu, damit es schön aussieht. Der Mund ging später jedoch halb wieder auf, was völlig abstrus aussah. Die Mitarbeiter des Bestattungsunternehmens haben das schon alles ordentlich gemacht, aber es hat uns in dieser Situation nicht geholfen. Man selbst ist damit überfordert, all diese Entscheidungen zu treffen, und weiß hinterher gar nicht mehr, was man wirklich entschieden hat. Das ist alles viel zu abstrakt.

Bei der Trauerfeier haben wir dann schon ein paar Dinge anders gemacht als üblich. Zum Beispiel habe ich selbst einige Worte gesprochen, weil ich dachte, es geht nicht, dass nur der Pfarrer auf der Beerdigung meines Vaters spricht. Hinterher kamen die älteren Herrschaften unter den Trauergästen auf mich zu und sagten: »Wir wussten gar nicht, dass das geht – das hätten wir auch gerne, dass die Kinder auf unserer Beerdigung etwas sagen dürfen.«

Ab diesem Moment war mir klar: Der Bestatter hat einfach seinen Job gemacht, wie man das als Traditionsbestatter damals eben machte … aber es würde auch ganz anders gehen.

Fünf Jahre danach starb meine Mutter. Da ließen wir ein mobiles, von Frauen geführtes Bestattungsunternehmen kommen, das nur Frauen bestattet: die »Barke«. Wir hatten Mutter zu Hause im Sarg aufgebahrt – und auf einmal stand die Polizei vor der Tür! Das Haus lag an einem Hang, und wenn man von oben schaute, konnte man in das Zimmer hineinsehen, in dem der Leichnam aufgebahrt war. Die Nachbarn hatten die Polizei alarmiert, weil sie zwar gesehen hatten, dass ein Bestatter den Sarg gebracht hatte, aber sie meinten, er habe offenbar vergessen, die Leiche mitzunehmen … Daran sieht man, wie ungewohnt damals so eine Aufbahrung war.

Das zeigte sich auch an der Reaktion unseres Freundeskreises: Wir hatten alle informiert, dass sie vorbeikommen könnten, aber es kam niemand. Alle sagten: »Wir kommen lieber auf die Beerdigung.« Und als ich antwortete: »Das könnt ihr nicht, wir machen eine Seebestattung«, änderte das auch nichts. Sie fürchteten offenbar den unmittelbaren Kontakt mit ihrer verstorbenen Freundin.

Das waren meine zwei privaten Erfahrungen. Mit 46 Jahren hatte ich dann noch mal die Chance, mich beruflich völlig neu zu orientieren, weil ich meinen Anteil an einer Firma verkaufen konnte, die ich mit gegründet hatte. Die Entscheidung, ob ich mich dem Bestatten widmen sollte oder nicht, war schon schwer; ich habe ein halbes Jahr dafür gebraucht. Das macht man ja nicht so aus dem Handgelenk. Es hat auch etwas mit dem sozialen Status zu tun, wenn man sagt: »Ich bin Bestatter.« Vom Ansehen her ist das fast so schlimm wie Politiker. Mit dem Tod will niemand etwas zu tun haben.

Ich fragte mich also: Brenne ich dafür? Möchte ich wirklich meine restliche Lebensarbeitszeit dafür einsetzen? Und dann kamen zwei Impulse zusammen. Der eine war: »Ich kann es besser als die anderen.« Und der zweite: »Wir müssen als Gesellschaft anders mit den Toten, dem Lebensende und den Hinterbliebenen umgehen. So, wie es jetzt ist, ist es nicht gesund und gut für uns Sterbliche.« Die Menschen, die zurückbleiben, müssen einfach begreifen können, was geschehen ist, statt plötzlich mit einer Urne oder dem Sarg auf dem Friedhof zu stehen, ohne zu wissen, was dazwischen passiert ist.

Ich machte ein zweiwöchiges Praktikum in Hamburg bei einem Fahrdienst, der sich um das Abholen und Versorgen der Verstorbenen kümmerte. Alles andere, was man als Bestatter können muss, kannte ich ja bereits aus meinem vorherigen Job: Geschäftsführung, Gesprächsführung, Eventmanagement, Betriebswirtschaft. Viel präsenter war die Frage: Was macht es mit mir, wenn ich mit Toten so nah in Kontakt komme?

Zwei Wochen habe ich den Fahrdienst begleitet. Dabei habe ich erlebt, wie gruselig das Sterben in Krankenhäusern und Pflegeheimen oft war. Wir mussten Tote aus irgendwelchen Abstellkammern holen, oder sie waren aus dem Bett gefallen und lagen tot am Boden, und es hat sich stundenlang kein Mensch um sie gekümmert, bis wir sie abholen kamen.

Ich habe mich gewundert, warum den beiden Kollegen immer so viel daran gelegen war, dass die Angehörigen aus dem Raum gehen, wenn der Verstorbene in den Sarg gebettet wurde. Es hieß immer: »Gehen Sie mal lieber raus, das ist kein so schöner Anblick.« Und ich fragte mich: Warum darf das keiner sehen – wir haben doch ordentlich gearbeitet? Natürlich ist es manchmal nicht einfach, je nachdem, wie schwer ein Verstorbener ist und um wie viele Ecken man muss. Aber es gibt keinen Grund, die Angehörigen davon auszuschließen.

So hat sich dann für mich herausdestilliert, was ich für wichtig halte und was ich anders machen wollte: Ich mache kein Vertragsgespräch, wo man alles nacheinander durchgeht und diverse Kleinigkeiten schon im ersten Gespräch festzurrt, sondern ich arbeite mit den Menschen konsequent prozesshaft. Ich frage immer nur die Entscheidungen ab, die in diesem Moment tatsächlich notwendig sind. Das zweite ist, dass ich eine Beziehung zu den Hinterbliebenen aufbaue und zu dem bzw. der Verstorbenen. Es ist nicht mein Job, etwas zu verkaufen, sondern in Beziehung zu gehen! Daraus gestalten wir gemeinsam einen Prozess, der dann irgendwann auf dem Friedhof endet oder in einem Nachgespräch.

Was man sonst zum Bestatten braucht, ist kein Hexenwerk – das kann man sich in wenigen Tagen abschauen. Es gibt die »Vorderbühne«, also das, was die An- und Zugehörigen in der Filiale oder im Büro sehen. Und dann gibt es die Hinterbühne, quasi eine Blackbox, in der die Logistik stattfindet, wo der Tote zurechtgemacht und in den Sarg gelegt wird. Das Personal, das diese Arbeit verrichtet, ist meist schlecht bezahlt und hat ein niedriges Bildungsniveau.

Im Normalfall werden die Angehörigen nicht auf die Hinterbühne gelassen. Ich aber wollte sie ermutigen, gerade diese Schritte gemeinsam mit mir zu gehen, die normalerweise im Verborgenen bleiben. Ich wollte ihnen vermitteln, dass wir da nichts »Schlimmes« machen und dass sie dabei einen Platz haben.

Eine Besonderheit von Charon Bestattungen ist, dass wir zu 30 Prozent Babys, Kinder und Jugendliche bestatten und zu 40 Prozent junge Erwachsene. Nur etwa 30 Prozent machen die über 70-Jährigen aus – wir haben also vor allem eine junge Klientel, oft mit Kindern. Das heißt, wir müssen den Prozess so gestalten, dass auch für sie begreifbar wird, was passiert. Sie müssen ja damit weiterleben, dass ein Elternteil gestorben ist. Wir suchen also Wege, sowohl in der Kommunikation als auch im Umgang mit dem Verstorbenen, dass alles eine gewisse Selbstverständlichkeit behält, dass es kindgerecht ist und Kinder teilhaben können. Man darf sie nicht ausschließen. Sie merken ja, dass etwas ganz Wichtiges passiert. Alle sind aufgeregt und in Tränen aufgelöst, und dann dürfen sie nicht dabei sein? Das ist traumatisierend für sie. Man darf ruhig darauf vertrauen, dass Kinder ihren eigenen Weg in diesem Abschied finden, wenn man sie lässt. Natürlich bemühen wir uns auch, dass eine Mutter ausreichend Zeit für sich selbst und ihren toten Mann hat und sich nicht gleichzeitig um die Kinder kümmern muss. Wir versuchen, die Abläufe so zu organisieren, dass jede Person zu dem kommt, was für sie und die Art der Beziehung, die sie zu dem Verstorbenen hat, stimmig ist.

Es ist eine kulturelle Entwicklung, dass man die Menschen so lange von allem ferngehalten hat, was mit Sterben und Tod zu tun hat, und alles an Professionelle delegiert wurde. In Deutschland hat das wohl auch damit zu tun, was die Menschen in den beiden Weltkriegen erlebt haben – unendlich viel Gewalt und unzählige Tote. Die Konzentration auf den Wiederaufbau nach dem Krieg hat die Haltung, bloß nicht mehr mit dem Sterben in Berührung zu kommen, sicher gefördert. Hinzu kommt, dass die alte Dorfgemeinschaft, wo man den Toten zu Hause aufgebahrt, in den vom Schreiner gezimmerten Sarg gelegt und dann zusammen auf dem Friedhof begraben hat, in der Stadt so nicht mehr funktioniert. Dadurch hat sich dann Ende des 19. und Anfang des 20. Jahrhunderts das Bestatten als eigene Profession entwickelt.

Viele Jahre lang war das Bestattungswesen »auf Rosen gebettet«, weil die Krankenkassen ein Sterbegeld ausgezahlt haben – damals immerhin 4000 DM. Damit konnte man schon eine ganz ordentliche Beerdigung ausrichten. Und der Bestatter konnte den Angehörigen noch eine ganze Menge Dinge verkaufen, die gar nicht wirklich nötig waren, nach dem Motto: »Ihre Mutter/Ihr Vater hat doch wirklich mehr verdient als diesen billigen Sarg …«

Das hat sich inzwischen deutlich geändert. Die Menschen hinterfragen viel mehr, was ihnen angeboten wird. Sie überlegen, wofür sie bereit sind, Geld auszugeben. Ein teurer Sarg und eine aufwendige Beerdigung sind heute keine so großen Statussymbole mehr wie früher.

Es ist für mich völlig in Ordnung, wenn eine Familie sagt: »Wir haben mit dem Verstorbenen nicht viel zu tun gehabt, wir wollen es so einfach wie möglich halten.« Daraus hat sich das Marktsegment der Billigbestatter entwickelt, die ihren Gewinn über die Menge machen. Sie betreuen und begleiten die Angehörigen nicht, sondern erledigen einfach den Transport und die nötigen Formalitäten, und das zu einem supergünstigen Preis, in der Regel zwischen 700 und 900 Euro. Da wird nicht über den Sarg diskutiert, es gibt nur das eine Modell, das der Bestatter in hoher Auflage vorrätig hat. Solche Preise kann man natürlich nur machen, wenn man 1 000 gleiche Modelle einkauft und nicht 10. Diese Angebote werden vorrangig über das Internet beworben.

Und dann gibt es die Bestatter, die das tun, was sie immer getan haben, und nicht verstehen, dass man heute anders arbeiten muss.

Sie sitzen in einem Laden, warten auf Kundschaft und delegieren den Kontakt zu den Angehörigen an Mitarbeiter – oft ein mobiles Team, das die Familie vorher noch nie gesehen hat. Wenn jemand vom Bestattungsunternehmen zur Trauerfeier kommt, dann meist nur, um zu kontrollieren, ob alles aufgebaut ist, Fotos zum Dokumentieren zu machen und dann mit Beginn der einen Feier zur nächsten weiterzufahren. Es geht nicht um die Angehörigen, nicht um Beistand oder Begleitung, sondern nur darum, ob alles wie bestellt geliefert wurde.

Angela, ich und die anderen Kolleginnen und Kollegen in unserem Netzwerk arbeiten anders. Wir stellen uns als Person zur Verfügung. Das geht eben nicht, wenn man auf die Uhr schaut und um 17 Uhr das Büro zumacht. Eine Struktur mit Angestellten, die Wert auf einen pünktlichen Feierabend legen, passt nicht zu unserem Anspruch, wirklich zu begleiten. Das ist wie bei Hebammen: Babys richten sich auch nicht nach irgendwelchen Öffnungszeiten! Wir arbeiten so, dass wir als Person bereit sind, in Beziehung zu gehen, angehörigennah. Wir sind vom allerersten Gespräch bis zur Trauerfeier und zur Verabschiedung danach persönlich da. Es ist immer derselbe Mensch, mit dem die Angehörigen zu tun haben. Das ist die Qualität, die wir als Nischenbestatter bieten. Konventionelle Kollegen arbeiten angehörigenfern; sie versuchen, die Hinterbliebenen so schnell wie möglich vom Verstorbenen zu trennen. Wir dagegen versuchen, beide zusammenzuhalten.

Das tun wir allerdings in ganz individueller Ausprägung – Angela macht es anders als ich oder als die Kolleginnen und Kollegen, mit denen wir zusammenarbeiten. Uns allen gemeinsam ist, dass wir der einzige Ansprechpartner sind. Wer bei uns anruft, hat uns selbst am Telefon, keine Zentrale und kein Callcenter. Eine Traditionsbestatter-Filiale macht um 17 oder 18 Uhr ihren Laden zu, schaltet das Telefon auf ein Callcenter oder den Bestattungsfahrdienst, und wenn dann jemand nachts stirbt und Handlungsbedarf besteht, gibt es keinen wirklichen Ansprechpartner. Dann lautet die Standardfrage: »War der Arzt schon da?« Und wenn ja: »Wir kommen und holen den Verstorbenen ab, und Sie gehen dann morgen zum Bestatter.« Kurz darauf stehen zwei Mitarbeiter vom Fahrdienst vor der Tür, und so einfühlsam sie auch sein mögen: Ihr Job ist es, abzuholen, einzusargen, aufzuladen, wegzubringen. Es ist nicht ihre Aufgabe, sich um die Hinterbliebenen zu kümmern oder ihnen die richtigen Worte mit auf den Weg zu geben. Sie sagen vielleicht noch »Herzliches Beileid« oder »Viel Kraft für Sie« – aber selbst diejenigen, die diesen Transportjob gut machen, sind eigentlich alleingelassen und überfordert davon, mit Angehörigen umgehen zu müssen, die sich meist im Schockzustand befinden.

Wir dagegen verstehen uns als Bindeglied, als Puffer zwischen den Angehörigen und denen, die auch Teil des Ablaufs sind, wie zum Beispiel Fahrdienste, Stadtverwaltung, Friedhofsverwaltung oder Krematorium. Ich halte den Kontakt zu den Angehörigen und zum Verstorbenen, der Fahrdienst steht hinter mir. In vielen Städten gibt es allerdings keinen Fahrdienst, dann sind die Abläufe etwas anders. Bestattung ist ein stark regional orientiertes Gewerbe.

Ich habe mich nie viel darum gekümmert, wie andere Kollegen arbeiten. Ich bin gewissermaßen vorbildlos in den Job gegangen und habe meinen Stil entwickelt aus dem, was in der Praxis umsetzbar war.

Wie wir vorgehen, ist umständlich und zeitintensiv. Natürlich könnte man alles viel glatter, schneller und einfacher machen. Es liegt nicht im normalen Geschäftsinteresse, sich mehr Arbeit zu machen als nötig. Und dann auch noch ausgerechnet Beziehungsarbeit! Warum soll ich mit der Familie zusammen den Verstorbenen waschen und anziehen und aufbahren – das dauert mindestens fünfmal so lange, als wenn Profis am Werk sind. Der Unterschied ist, dass wir dafür hinterher das gute Gefühl haben, eine Familie und einen Verstorbenen gut begleitet zu haben.

Wir fragen: Was ist notwendig, was wendet die Not? Ich kann nur etwa hundert Familien im Jahr betreuen. Deshalb gebe ich

Anfragen immer wieder an Kolleginnen oder Kollegen ab, wenn zu viele gleichzeitig auflaufen. Natürlich könnte ich mehr machen, aber ich bin nicht bereit, Abstriche an der Beziehungsqualität zu machen. Sie ist der Kern unserer Arbeit.

Beziehungsarbeit kann man nur dann gut leisten, wenn man selbst in Beziehung tritt. Natürlich holen wir uns Hilfe für dies und jenes, aber wir haben den Hut auf. Wir sind Ansprechpartner und Bezugsperson – übrigens auch für den Verstorbenen. Für die meisten anderen Bestatter ist er nur Objekt der Logistik, das man irgendwohin schaffen, irgendwie einäschern oder irgendwo begraben muss. Für uns bleibt er hingegen bis zum Schluss Subjekt, ein Mensch. Wir haben eine Wahrnehmung dafür, was für ihn passt und was nicht. Wenn ich meine, dass etwas gar nicht passt, was eine Familie sich ausgedacht hat, versuche ich, durch Fragen gegenzusteuern: »Hätte er oder sie das wirklich gewollt?« Wir bringen das in den Prozess mit ein, weil der Tote seine Stimme ja nicht mehr selbst erheben kann.

Trotzdem sage ich nicht, ich sei medial begabt und wüsste, was die Toten wollen. Vielleicht liege ich ja völlig falsch. Aber ich konfrontiere mich mit dem Verstorbenen von Angesicht zu Angesicht. Dieser persönliche Kontakt ist mir sehr wichtig, damit ich überhaupt ein Gefühl dafür bekomme, wer das war.

Mit dieser Haltung und Philosophie sprechen wir eine bestimmte Klientel an, das können und wollen nicht alle. Aber die, die zu uns kommen, wünschen sich genau diese starke Beteiligung am ganzen Prozess. Es gibt ja Gründe, warum sie sich für uns entscheiden. Vielleicht ist die Bereitschaft dazu in den vergangenen Jahren gewachsen.

Es gibt nicht den einen Bestatter, der für alle gut ist. Für Familie A ist der Billigbestatter gut, für Familie B der Traditionsbestatter. Angela ist für ihre Klientel gut, aber nicht unbedingt für alle, die zu mir kommen. Die Wahl des Bestatters ist in gewisser Weise noch persönlicher und individueller als die Wahl des Zahnarztes,

Gynäkologen oder Friseurs. Warum soll man sich das nicht schon zu Lebzeiten aussuchen? Natürlich kenne ich die Ängste, die diesem Gedanken entgegenstehen, aber man kann sich ruhig mal etwas trauen. Denn am Grundsätzlichen – unserer Sterblichkeit – ändert es ja nichts.

Das Hauptproblem ist die Angst, sich mit der eigenen Sterblichkeit auseinanderzusetzen. Wir fürchten uns vor diesem unbekannten Terrain. Aber wenn wir ehrlich sind, dann weiß doch keiner, was wirklich nach dem Tod kommt. Das ist schwer auszuhalten. Wir sind alle Unwissende – wir kennen uns ja nur lebendig! Wir können uns nicht vorstellen, tot zu sein, das schaffen wir mental nicht. Und wir wollen ja leben – deshalb weichen wir dem Thema Tod aus. Ob und wie es weitergeht, ist immer eine Hypothese, egal, welchem Glauben man anhängt. Natürlich kann ich in eine der Hypothesen Vertrauen entwickeln, aber meistens stoßen wir an eine Grenze, sobald es ums Sterben geht. Es gibt Ideen, die machen es einem leichter, daran zu glauben, dass da noch etwas kommt, und andere, die machen es schwerer.

Ich kann für mich nur sagen: Ich bin gespannt, wie ich mein eigenes Sterben meistern werde. Der physische Körper hat ein starkes Eigeninteresse am Überleben, und das Aufbäumen »Ich will nicht sterben« ist ein mächtiger und berechtigter Überlebensimpuls. Die Frage ist: Komme ich mit meiner geistigen Ebene dahin, dass ich mich von der Panik des Körpers nicht einfangen lasse, sondern die Contenance bewahre? Das ist geistige Schulung, Lebensweg, Meditationspraxis. Denn wenn der Körper in Aufruhr ist, ist es schwieriger, den Geist auf der Schiene zu halten. Hat man das sein Leben lang geübt, stehen die Chancen gut, dass es zu gegebener Zeit gelingt.

Insofern kann ich für mich sagen: Bestatter sein ist ein Übungsweg. Ein praktischer Übungsweg, der mir jegliche Illusion verweigert. Jeder Verstorbene hat mir etwas voraus. Auch ich werde dereinst gestorben sein.

GUT VORBEREITET SEIN

Schon zu Lebzeiten können wir viel dazu beitragen, dass das Sterben leichter und weniger schmerzlich wird. Kaum jemand verlässt gerne diese Welt, alle haben wir liebe Menschen oder weltliche Güter, die wir nur widerwillig los- und hinter uns lassen. Umso wichtiger ist es, dass wir uns rechtzeitig auf das Sterben vorbereiten – wir wissen ja nur im seltensten Fall, wann es so weit ist.

Für diese Vorbereitung gibt es drei Ebenen: eine physische, eine seelische und eine geistige.

Die physische Vorbereitung auf das Sterben

Dazu gehört alles, was mit den weltlichen Dingen des Lebens zu tun hat:

- Die letzten Dinge ordnen
- Dokumente vorbereiten
- Eine Bestattungsverfügung erstellen
- Den digitalen Nachlass regeln

Lassen Sie uns auf diese Punkte etwas näher eingehen.

Schon Leonard Cohen, der große kanadische Dichter und Liedermacher, sagte in seinen letzten Jahren: »Wenn man seine Dinge in Ordnung bringt und es einem gelingt, ist das äußerst tröstlich und der Gewinn unermesslich.«

Vielleicht kennen Sie den bewegenden Film *Die Brücken am Fluss* mit Meryl Streep und Clint Eastwood? Dann wissen Sie, wie verstörend es für die zurückgebliebenen Angehörigen, die beiden Kinder, war, als sie plötzlich mit den Geheimnissen konfrontiert waren, die die verstorbene Mutter ihr Leben lang verschwiegen hatte. Das kann jedem passieren … sollte es aber nicht.

Tatsächlich gibt es kaum eine bessere Möglichkeit, sich schon im Leben auf den Tod vorzubereiten, als seine persönlichen Angelegenheiten zu ordnen – sachte, allmählich, bedächtig, überlegt. Im Schwedischen gibt es dafür den schönen Begriff »Döstädning«, im Englischen sagt man »death cleaning«. Beides heißt übersetzt etwa so viel wie »Sterbeputzen«. Dazu gehört, dass man sich all dessen entledigt, was überflüssig geworden ist. Quasi ein Großreinemachen bei all dem, was zurückbleibt, wenn man geht: Wertsachen, Kleidung, Bücher, Gemälde, Geschirr.

Wir können unseren Angehörigen viel Arbeit, aber auch viel Unsicherheit und Ratlosigkeit ersparen, wenn wir diese Dinge schon zu Lebzeiten ordnen. Das heißt übrigens nicht, dass wir deshalb an Lebensqualität einbüßen und in kahlen Räumen hausen müssten. Vielmehr bedeutet es, wie die Schwedin Margareta Magnusson in ihrem großartigen Buch *Frau Magnussons Kunst, die letzten Dinge des Lebens zu ordnen* schreibt: entrümpeln, Ballast abwerfen, das Leben übersichtlicher gestalten. Ganz nebenbei ist eine solche Aufräumaktion eine wunderbare Gelegenheit, mit seiner Familie über den Tod zu sprechen – in aller Ruhe, und nicht erst dann, wenn das Sterben bevorsteht oder bereits eingesetzt hat.

Margareta Magnusson beschreibt dieses Tun als überaus bereichernd für sich selbst. Jeder Gegenstand, sagt sie, habe seine Geschichte, und es sei höchst beglückend, sich diese in Erinnerung zu rufen. Döstädning hat also nichts mit Saubermachen an sich zu tun, sondern ist eine frühzeitige Vereinfachung mit dem Ziel, dass im Todesfall nicht andere die Arbeit mit der Haushaltsauflösung haben.

Entledigen Sie sich also dessen, was Sie unnötig belastet! Denken Sie währenddessen auch gleich darüber nach, welche Erbstücke Sie wem zukommen lassen wollen. Sie müssen die Dinge ja noch nicht gleich weggeben; es reicht, wenn Sie alles aufschreiben und diese Liste Ihrem Testament hinzufügen. Was Sie jetzt schon nicht mehr brauchen, können Sie bei der nächstbesten Gelegenheit verschenken. So befreien Sie nach und nach Ihr Zuhause ganz konkret von Ballast. Es ist beruhigend zu wissen, dass der weltliche Besitz gut geregelt ist. So müssen Sie in Ihren letzten Tagen oder Stunden nicht mehr darüber nachdenken oder sich Sorgen machen, dass etwas in die falschen Hände kommt.

Darüber hinaus tun Sie Ihren Angehörigen einen Gefallen. Einen Haushalt komplett aufzulösen, ist oft eine große Last und wenig beliebt. Wohin mit dem ganzen Krempel? Manchmal landen noch gut erhaltene Möbel im Müllcontainer oder auf der Straße, weil die Angehörigen einfach überfordert sind. Da ist es doch viel befriedigender, wenn man schon zu Lebzeiten weiß, wo die Sachen später hinkommen.

Eine Bekannte von mir hat mit 60 Jahren mit diesem »Sterbeputzen« begonnen, und als sie mit 103 Jahren starb, hatte jeder Gegenstand einen Aufkleber mit dem Namen »seines« Empfängers. In ihren letzten Lebensjahrzehnten hatte sie sich weitere Geschenke strikt verbeten: Wollte man ihr etwas zukommen lassen, sollte man es ihr eben leihen. Die Auflösung ihrer Wohnung nach ihrem Tod ging entsprechend problemlos innerhalb weniger Tage vonstatten.

Dokumente vorbereiten

Legen Sie eine »Bestattungsmappe« oder einen Ordner an, in dem Sie alles ablegen, was für den Todesfall wichtig ist:

- Schreiben Sie ein **Testament**. Ihren Letzten Willen müssen Sie vollständig handschriftlich aufsetzen, mit Ort, Datum und Unterschrift (ausgeschriebener Vor- und Zuname). Das Testament sollte gut lesbar geschrieben sein und möglichst kurz und knapp, damit es keine Missverständnisse gibt. Vorlagen dafür gibt es im Internet.

  Sicherer ist es, wenn Sie einen Notar damit beauftragen, ein Testament zu erstellen und zu beurkunden, insbesondere, wenn Sie eine oder mehrere Immobilien oder andere große Werte zu vererben haben. Keine Angst vor den Kosten: Jeder Streit über die Auslegung des Testaments kostet mehr. Aber auch wenn alles glattgeht, ersparen die Kosten des notariellen Testaments auf jeden Fall das sonst obligatorische (kostenpflichtige) Erbscheinverfahren. Ein Notar berechnet die Kosten nach dem Wert des Vermögens zum Zeitpunkt der Beurkundung. Schulden werden – bis zur Höhe des halben Aktivvermögens – abgezogen. Musterberechnungen finden sich im Internet, häufig auch auf den Websites von Notaren.

  Außerdem stellt der Notar fest, dass der Erblasser geschäfts- und testierfähig ist und verhindert damit fast immer, dass das Testament wegen angeblicher oder tatsächlicher Geschäftsunfähigkeit angefochten wird.

Ein notariell erstelltes Testament geht nicht verloren: Es wird beim Amtsgericht hinterlegt und im Zentralen Testamentsregister der Bundesnotarkammer erfasst.

Das Beste am notariellen Testament ist der Zeitgewinn und die nicht mehr nötige Auseinandersetzung mit dem Nachlassgericht wie sonst im Erbscheinverfahren. Im Erbfall eröffnet das Nachlassgericht das notarielle Testament. Anders als in vielen Fernsehfilmen findet das in Abwesenheit der Erben in der Amtsstube statt. Vom Eröffnungsprotokoll und dem Testament erhalten die bedachten Erben, ebenso andere gesetzliche Erben sowie alle, die namentlich im Testament erwähnt sind, eine beglaubigte Abschrift. Mit dieser kann der Erbnachweis genauso geführt werden wie mit einem Erbschein.

Ratsam ist es, dass Sie beim Notar, der meist zugleich auch Rechtsanwalt ist, von Anfang an klarstellen, dass Sie seine Dienste als Notar beanspruchen, nicht als Rechtsanwalt, denn Rechtsanwaltsgebühren sind bei gleichem Gegenstandswert deutlich höher.

Benennen Sie gegebenenfalls einen Testamentsvollstrecker. Das sollte ein Mensch sein, der jünger ist als Sie, und vor allem jemand, bei dem Sie davon ausgehen können, dass er keinen Unsinn mit Ihrem Vermögen anstellt. Deshalb sollten Sie ihm ein anständiges Honorar für diesen Dienst ausloben und mit ihm noch zu Ihren Lebzeiten über alles sprechen, worauf es Ihnen ankommt. Dem Testamentsvollstrecker können Sie auch eine Bankvollmacht für den Todesfall erteilen, damit er eventuell schon tätig werden kann, bevor das Nachlassgericht ihm das Testamentsvollstreckerzeugnis erteilt hat. Nötig ist ein Testamentsvollstrecker allerdings nur, wenn keine Erben vorhanden sind, die den Nachlass vernünftig verteilen können, oder wenn zu befürchten ist, dass es unter den Erben Streit gibt.

Haben Sie das Testament privat abgefasst, deponieren Sie das Original beim zuständigen Amtsgericht, in einem Bankschließfach oder in einem Safe. Geben Sie in der Bestattungsmappe an, dass ein Testament existiert und wo genau es hinterlegt ist. Es wird in der Regel erst nach der Bestattung eröffnet. Jeder, der ein privatschriftliches Testament findet, ist gesetzlich verpflichtet, es sofort beim Nachlassgericht des letzten Wohnsitzes des Verstorbenen abzuliefern.

- Erteilen Sie einem Ihrer Angehörigen für den Fall Ihres Todes eine notarielle **Generalvollmacht** und benennen Sie eine zweite Person als Ersatz. Überlegen Sie sich gut, wer das sein soll und wem Sie voll vertrauen können! Der Generalbevollmächtigte kann nämlich fast alles tun, was Sie selbst tun könnten – also auch auf Ihr gesamtes Vermögen zugreifen und es sich zu eigen machen.
- Von der Generalvollmacht zu unterscheiden ist die **Gesundheitsbetreuungsvollmacht,** die mit einer Patientenverfügung oder einem Patiententestament verbunden sein kann. Auch diesen Vertreter sollten Sie gut auswählen. Häufig sind die Kriterien dafür andere als bei einer Generalvollmacht oder einem Testamentsvollstrecker. Der Gesundheitsbetreuungsbevollmächtigte vertritt Sie in allen gesundheitlichen Belangen, wenn Sie aus irgendwelchen Gründen nicht mehr einwilligungsfähig sind oder Ihre Wünsche nicht mehr selbst artikulieren können (z. B. wenn Sie im Koma liegen). Er entscheidet dann über ärztliche Eingriffe und lebenserhaltende Maßnahmen, die Unterbringung in einem Heim sowie über Medikamente und »freiheitsentziehende Maßnahmen« wie etwa ein Bettgitter. Die Gesundheitsbetreuungsvollmacht schützt davor, dass das Gericht dafür ansonsten einen fremden Betreuer einsetzt, der weder Sie noch Ihren Willen kennt.

Sprechen Sie mit demjenigen, dem Sie die Vollmacht erteilen wollen, ausführlich über Ihren Letzten Willen bzw. Ihre Wünsche im Krankheitsfall und halten Sie das Wichtigste gemeinsam schriftlich fest, sofern Sie nicht auch damit einen Notar beauftragen.

- Wenn Sie alleinerziehend sind und minderjährige Kinder haben, sollten Sie eine **Sorgerechtsverfügung** ausstellen. Denn im Falle Ihres Todes erhalten nicht automatisch die nächsten Verwandten (Großeltern, Geschwister) oder auch die Paten das Sorgerecht. Darüber entscheidet immer das Familiengericht, das das Sorgerecht nach dem Wohl des Kindes zu verteilen hat. Ein Vormund wird nicht mehr bestellt, sondern nur ein Betreuer für bestimmte Wirkungskreise (Aufenthalt, Vermögen, Gesundheit – es können auch verschiedene Betreuer oder das Jugendamt sein). Wenn Sie in einer Sorgerechtsverfügung festgelegt haben, wer das Sorgerecht erhalten soll, und dies gut begründet haben, werden Jugendamt oder Familiengericht Ihrem Wunsch meist Folge leisten.
- Richten Sie ein **Konto für die Bestattungskosten** ein. Es ist sinnvoll, dass Sie rechtzeitig mindestens 5 000 Euro für die Bestattung und alles, was damit zusammenhängt, beiseitelegen. Der sicherste Weg dafür ist eine Sterbeversicherung, die Sie über einen Bestatter bei der BestattungsTreuhand abschließen können. Sie wurde vom Verband unabhängiger Bestatter e. V. ins Leben gerufen und dient dazu, den letzten Willen Verstorbener, ihre Bestattung betreffend, zu regeln und zu sichern. So ist das Geld, das Sie bei der BestattungsTreuhand dafür beiseitelegen, vor dem Zugriff des Staates geschützt. Sollte Ihr Vermögen zum Beispiel durch eine lange Zeit der Pflegebedürftigkeit aufgebraucht sein – denn die Pflegekasse bedient sich bis zum letzten Cent an Ihren Einkünften –, bleibt das bei der BestattungsTreuhand zu-

rückgelegte Geld unangetastet für Ihre Beisetzung reserviert. Über welchen Anbieter Sie die Versicherung abschließen, ist unerheblich – Sie können unabhängig davon verfügen, welcher Bestatter Sie zum gegebenen Zeitpunkt beisetzen soll. Auf dieses Konto sollte dann auch ein von Ihnen Bevollmächtigter Zugriff haben.

- Wenn Sie wollen, können Sie eine **Patientenverfügung** aufsetzen. Sie wirft jedoch einige Fragen auf und ist nicht unproblematisch. Oberflächlich gesehen, mag es recht einfach erscheinen, aufzuschreiben, dass man im Fall des Falles keine lebensverlängernden Maßnahmen haben möchte. Wie es jedoch aussieht, wenn die Situation tatsächlich eintritt, steht auf einem anderen Blatt. So kann z. B. eine Behandlung auf der Intensivstation auch im hohen Alter durchaus sinnvoll sein, um ein Weiterleben bei guter Lebensqualität zu ermöglichen. Das lässt sich schwer im Voraus einschätzen! Sie fassen diese Verfügung ja als Gesunder ab – und können da gar nicht wissen, wie Sie zu gegebener Zeit entscheiden würden. Möglicherweise legen Sie dann etwas fest, was Sie später gar nicht wollen, und machen sich so zum Gefangenen Ihrer eigenen Entscheidungen. Ethische Aspekte und der individuelle Zustand am Lebensende lassen sich nun einmal nicht rechtlich in Normen pressen.

  Wenn Sie eine Gesundheitsbetreuungsvollmacht ausgestellt haben (siehe S. 58), können Sie im Zweifelsfall dem darin Bevollmächtigten die Entscheidung darüber überlassen, welche medizinischen Maßnahmen er für sinnvoll und notwendig erachtet und welche nicht. Auch diese Dinge sollten Sie im Gespräch mit dem Bevollmächtigten in groben Zügen umreißen und schriftlich festhalten. Sprechen Sie mit Ihren Angehörigen über dieses Thema und wägen Sie alles Für und Wider unbedingt gut ab!

- Füllen Sie einen **Organspendeausweis** aus. Das ist nicht nur sinnvoll, wenn Sie Organe spenden wollen, sondern auch, wenn nicht: Auf dem Ausweis besteht neben der Zustimmung ebenso die Möglichkeit, »Nein« zu sagen oder aber nur der Entnahme bestimmter Organe oder Gewebe (z. B. Augenhornhaut, Herzklappen, Haut) zuzustimmen. Informieren Sie sich rechtzeitig, wie Sie sich in dieser Frage entscheiden wollen (Hinweise auf Informationsmaterialien finden Sie im Anhang ab Seite 204). Deponieren Sie eine Kopie davon in Ihrer Bestattungsmappe und tragen Sie ihn ständig bei sich. Das ist vor allem im Ausland wichtig, weil viele Länder die Widerspruchsregelung haben – das bedeutet, wenn Sie einer Organentnahme nicht ausdrücklich schriftlich widersprochen haben, geht man automatisch davon aus, dass Sie als Organspender infrage kommen – auch noch im hohen Alter.
- Stellen Sie alle **Dokumente** zusammen, die nach Ihrem Tod für Ihre Abmeldung und die Sterbeurkunde gebraucht werden:
  - Kopie des Personalausweises
  - Bei Ledigen: Original der Geburtsurkunde
  - Bei Verheirateten: Original der Heiratsurkunde (ist auf der Heiratsurkunde keine Registernummer der Geburtsurkunde aufgeführt, ist zusätzlich das Original der Geburtsurkunde erforderlich)
  - Bei Geschiedenen: Heiratsurkunde mit Scheidungsvermerk oder Scheidungsurteil
  - Bei Verwitweten: Heiratsurkunde und Sterbeurkunde des Ehepartners
  - Wenn Ihnen ein Auszug aus dem Familienregister vorliegt, stehen diese Angaben auch darauf. Sie finden diesen Auszug als zusammengefaltetes Blatt im Familienstammbuch.

    - Wenn Kinder bis 25 Jahre hinterlassen werden: deren Geburtsurkunden (für die Halbwaisen- oder Waisenrente)
- Füllen Sie eine **Bestattungsverfügung** aus, auf der festgehalten ist, wie Sie bestattet werden wollen.
- Regeln Sie auch Ihren digitalen Nachlass (Zugang zu E-Mail-Postfächern, zu sozialen Medien und zum E-Banking, siehe Seite 70).
- Sie können mit einem Bestatter Ihres Vertrauens eine **Vorsorgevereinbarung** treffen; dann ist klar, dass genau er später einmal Ihre Bestattung nach Ihren Vorstellungen übernehmen wird.

Ganz wichtig ist, dass Sie die Bestattungsmappe mit diesen Unterlagen **getrennt von Ihrem Testament** gut zugänglich aufbewahren und Ihre Angehörigen darüber informieren, wo sie zu finden ist. Denn das Testament wird erst nach Ihrer Beisetzung eröffnet, dann nützen Ihre Angaben dazu nichts mehr.

Eine Bestattungsverfügung erstellen

In der Bestattungsverfügung regeln Sie mit einem Bestatter Ihrer Wahl die wichtigsten Fragen zu Ihrer Beisetzung. Besprechen Sie diese Punkte mit Ihren Angehörigen und/oder Freunden, damit diese Bescheid wissen. Lassen Sie dabei etwas Spielraum, falls bestimmte Vorhaben nicht 1:1 umsetzbar sind. Alle ein bis zwei Jahre sollten Sie die Verfügung prüfen und schauen, ob Sie etwas ändern wollen. Um das zu dokumentieren, versehen Sie die Änderungen mit einem Datum und Ihrem Namenskürzel. Halten Sie in der Verfügung das Wichtigste zu folgenden Fragen fest:

- *Auf welchem Friedhof wollen Sie bestattet werden?*

Sie können sich aussuchen, wo Sie beerdigt werden wollen. In Deutschland besteht lediglich eine Friedhofspflicht, es ist aber nicht festgeschrieben, dass es der Friedhof an Ihrem Wohnort sein muss. In Berlin, Brandenburg, Bremen, Mecklenburg-Vorpommern, Nordrhein-Westfalen und Thüringen ist es erlaubt, die Asche auf ausgewählten Friedhöfen zu verstreuen. Nur in Nordrhein-Westfalen darf man eine Urne auch außerhalb eines öffentlichen Friedhofs bestatten oder die Asche ausstreuen (Stand Oktober 2016). Im Ausland gelten andere, meist sehr viel freizügigere Regeln.

- *Erd- oder Feuerbestattung?*

Eine **Erdbestattung** setzt immer eine richtige Grabstätte auf einem Friedhof voraus, weil der Verstorbene mitsamt dem Sarg in die Erde gesenkt wird. Sie können wählen zwischen einem Wahlgrab, einem Reihengrab und einer anonymen Grabstelle. Das Wahlgrab suchen Sie sich selbst aus oder überlassen das Ihren Angehörigen nach Ihrem Tod. Es ist teurer als ein Reihengrab und kann nach zwanzig Jahren verlängert werden.

Bei einem Reihengrab werden Sie an einer von der Friedhofsverwaltung bestimmten Stelle beerdigt, in einer Reihe mit den zuvor Verstorbenen. Diese Stellen sind preiswerter als ein Wahlgrab, können aber nicht verlängert werden.

Manche Friedhöfe bieten auch die Möglichkeit einer anonymen Erdbestattung an. Das ist in der Regel eine Wiese auf dem Friedhof, wo nicht näher bezeichnet wird, wer wann und wo bestattet wurde. Bei einem Wahl- oder Reihengrab können Sie einen Grabstein setzen, müssen das aber nicht unbedingt – es hängt von der Friedhofssatzung und den darin vorgeschriebenen Gestaltungsmöglichkeiten ab. Manchmal genügt ein einfaches Namensschild. Den Grabstein können Sie selbst gestalten (die Friedhofsordnung schreibt nur bestimmte Maße vor) oder dies einem Steinmetz überlassen. Bei größeren Grabsteinen muss die Befestigung immer durch den Steinmetz erfolgen.

Bei einer **Feuerbestattung** wird der tote Leib verbrannt und die Asche in eine fest verschlossene Urne gefüllt. Sie kann in einem Urnengrab auf dem Friedhof beigesetzt werden, aber ebenso unter einem Baum (anonym oder mit einer Namensplakette). Dafür werden spezielle Gebiete ausgewiesen – auf einem Friedhof, in einem kommunalen Waldgebiet oder gewerblichen Friedwald bzw. Ruheforst.

Lassen Sie sich von Ihrem Gefühl leiten, welche Bestattungsform Sie wünschen – manchmal ändert sich das im Lauf des Lebens. Sie können Ihre Angaben jederzeit wieder ändern.

- *Wo soll Ihre Urne bestattet werden?*

Wenn Sie entscheiden, dass Sie verbrannt werden wollen, haben Sie mehrere Möglichkeiten für die Bestattung Ihrer Urne:

➢ Auf dem Friedhof in einem Urnenwahlgrab.
➢ Auf dem Friedhof in einem Urnenreihengrab.
➢ Auf dem Friedhof in einem Kolumbarium – das ist eine Wand aus Beton oder Stein, in die kleine Nischen für die Urnen eingelassen sind.
➢ In einer Urnenkirche – das sind kleine Gotteshäuser, in denen meist keine Gottesdienste mehr stattfinden. Die Urnen werden hier namentlich in Nischen eingestellt, die gemietet werden können.
➢ Unter einem Baum in einem von der Gemeinde oder einer privaten Organisation ausgewiesenen Waldstück (Friedwald, Ruheforst). Auch dafür gibt es verschiedene Versionen:

mit oder ohne Erinnerungsplakette, zusammen mit anderen Familienmitgliedern oder Freunden (9 bis 12 Grabstätten sind möglich) gemeinsam an einem bestimmten, dafür reservierten Baum – oder an einem beliebigen Baum, unter dem dann auch schon andere Tote begraben sein können. Das Recht zur Nutzung des Baumgrabs kann für verschieden lange Zeit erworben werden. Die Urne muss aus biologisch abbaubarem Material sein und wird zusammen mit der Asche mit der Zeit Bestandteil des Waldbodens. In Deutschland gibt es zurzeit über 160 solcher Bestattungswälder; sie werden immer beliebter.

- In einem anonymen Grab, bei dem nicht gekennzeichnet ist, wer wann und wo beerdigt wurde. Viele Friedhöfe erlauben nicht, dass Angehörige bei so einer anonymen Beisetzung dabei sind, um die Anonymität auch wirklich zu gewährleisten. Außer der Friedhofsverwaltung weiß dann niemand, wo die Urne begraben wurde.
- Im Rahmen einer Seebestattung – dann wird die (biologisch abbaubare) Urne von einem Schiff aus in der Nord- oder Ostsee versenkt. Die Koordinaten werden auf Anfrage bekannt gegeben, nur nicht bei einer anonymen Seebestattung.

Es gibt noch diverse andere – meist sehr teure und in Deutschland nicht erlaubte – Möglichkeiten, die Asche beizusetzen (z. B. Luftbestattung, Aufbereitung als Diamant), auf die wir hier aber nicht näher eingehen wollen.

- *Welche Kleidung soll Ihnen angezogen werden?*

Im Sarg kann persönliche Kleidung getragen werden – es muss kein Leichenhemd sein (das nur noch mal Extrakosten verursacht). Suchen Sie etwas aus, das Sie im Leben gerne getragen haben (kein Leder, weil das schlecht verwittert und auch nicht gut brennt) und benennen Sie evtl. noch eine Alternative, falls das Kleidungsstück bis dahin nicht mehr vorhanden sein sollte.

- *Möchten Sie gerne zu Hause aufgebahrt werden?*

Früher war es ganz selbstverständlich, dass ein Verstorbener zu Hause für zwei bis drei Tage aufgebahrt wurde, damit sich die Familie und alle Freunde verabschieden konnten. Wie hilfreich und tröstlich eine solche Aufbahrung sein kann, haben Sie ja bereits in den ersten Kapiteln gelesen. Mehr dazu folgt auf Seite 110.

- *Wie soll Ihre Todesanzeige bzw. -karte aussehen?*

Konventionelle Trauerkarten werden in schwarz umrandeten Briefumschlägen verschickt und sind selbst in Schwarz-Weiß gehalten, teilweise mit goldenem Prägedruck. An dieses Schema brauchen Sie sich nicht zu halten. Ihre Trauerkarte kann auch als bunter Farbdruck mit einem Foto, einer Zeichnung, einem Gedicht bzw. Zitat Ihrer Wahl oder – warum nicht? – mit einem persönlichen Gruß von Ihnen gestaltet werden. In diesem Zusammenhang ist es auch gut, wenn Sie festlegen, ob eine Todesanzeige in der Lokal- oder überregionalen Presse geschaltet werden soll.

- *An wen soll die Todesnachricht verschickt werden?*

Es ist eine große Hilfe für Ihre Hinterbliebenen, wenn Sie rechtzeitig eine Adressliste mit all den Empfängern zusammenstellen, an die Ihre Todesnachricht dereinst verschickt werden soll. Dann gibt es keine lange Sucherei. Prüfen Sie alle zwei Jahre, ob die Adressen noch aktuell sind.

- *Was für einen Sarg wünschen Sie sich?*

Es gibt eine große Bandbreite von Sarg-Versionen. Die einfachste ist aus unbehandeltem Sperr- oder Kiefernholz, die teuerste aus Eiche oder Mahagoni, mit und ohne Prägung, mit und ohne Intarsien. Außerdem gibt es sehr schöne, aber teure Biosärge aus geflochtener Weide, Bambus, Bananen- oder Pandanusblättern. Manche Friedhofsverwaltungen und Krematorien erlauben diese Särge allerdings nicht oder nur dann, wenn sie noch zusätzlich mit einer Holzschicht ausgestattet werden, damit sie besser brennen.

Ausgefallene Modelle (»Designer-Sarg«), die in ihrer Form von der üblichen Bauart abweichen können, bestehen meistens aus Kunstharz. Neuerdings gibt es auch Särge aus Zellulose, die aus aufgeforstetem Holz gewonnen wurde. Ein solcher »Papp-Sarg« setzt im Vergleich zu einem Holzmodell bei der Verbrennung ca. 70 Prozent weniger CO_2 frei und gilt deshalb als umweltschonend. Sie sind in den Krematorien allerdings nicht gern gesehen, weil sie nicht so gut brennen wie Holz.

Die Kosten für all diese Särge sind sehr unterschiedlich und können bis zu mehrere Tausend Euro betragen. Ich persönlich empfehle einen einfachen unbehandelten Holzsarg, der von den Angehörigen bemalt werden kann (siehe Seite 120).

- *Welche Urne soll es sein?*

Auch bei den Urnen können Sie wählen zwischen Biournen aus biologisch abbaubaren Naturstoffen wie gehärtetem Sand oder gepresstem Mais und Urnen aus Stein, Leder, Metall, Keramik oder anderen Materialien. Urnen für die Seebestattung sind meist aus Salz- oder anderen Verbindungen, die sich im Wasser auflösen. Metall verrottet natürlich am schwersten, die Biomaterialien am leichtesten.

Zusätzlich zur Aschenkapsel verkaufen Bestatter oft noch eine »Überurne«, die man aber meines Erachstens eigentlich nicht braucht. Man kann die Aschenkapsel selbst schmücken oder ein ortsansässiges Floristikunternehmen damit beauftragen – je nachdem, was Ihnen lieber ist.

- *Wer soll die Bestattungsrede halten?*

Sie können jetzt schon festlegen, wer bei der Trauerfeier – die ich viel lieber als Lebens- und Abschiedsfeier bezeichne (siehe Seite 124) – sprechen soll: ein Pfarrer, ein freier Redner, Familie und Freunde selbst? Wenn jemand Fremdes sprechen soll, ist es nötig, dass er dafür Ihren Lebenslauf kennt.

Viel schöner und persönlicher ist es aber, wenn die Angehörigen selbst die Feier gestalten und, sofern Sie sich kirchlich gebunden fühlen, einen Pfarrer in diesen Ablauf integrieren.

Dafür ist es hilfreich, wenn Sie noch zu Lebzeiten Ihre Biografie aufschreiben, falls diese Ihren Angehörigen nicht ohnehin gut bekannt ist.

- *Welche Musik soll gespielt werden?*

Sicher gibt es bestimmte Musikstücke, die Sie besonders gerne hören. Legen Sie fest, ob einige davon bei Ihrer Bestattungsfeier gespielt werden sollen und in welcher Version (Interpret, Orchester, Dirigent). Es ist immer schön, wenn nicht nur CDs oder digitale Audiodateien abgespielt werden, sondern auch live musiziert wird. Vielleicht haben Sie Freunde und Verwandte, die dafür infrage kommen? Sie können sich auch wünschen, dass für diesen Anlass ein Sänger/eine Sängerin oder Instrumentalsolisten engagiert werden.

- *Welche Gebete, Zitate und Gedichte sollen gesprochen werden?*

Jeder Mensch hat eine Vorliebe für bestimmte Zitate, Gedichte, Prosa und/oder Gebete, die ihm besonders viel bedeuten. Diese können Sie bei Ihrer Bestattungsfeier vorlesen lassen und eventuell gleich noch mit festlegen, wer das tun soll. Falls Ihnen (zunächst) nichts Bestimmtes einfällt: Im Anhang dieses Buches finden Sie eine kleine Sammlung passender Texte, die ich immer wieder gern empfehle.

- *Welche Lieder sollen gesungen werden?*

Genauso können Sie festlegen, welche Lieder die Gäste singen sollen. Das »dürfen« durchaus nicht nur traurige Lieder sein, sondern auch fröhliche, heitere, lebenslustige! Eine ordentliche Prise Humor tut jeder Bestattungsfeier gut.

- *Wo sollen sich die Gäste Ihrer Bestattungsfeier anschließend stärken?*

Eine Bestattung und die damit verbundene seelisch-geistige Arbeit machen hungrig! Es ist deshalb eine gute Tradition, im Anschluss an die Beisetzung oder die Trauerfeier zu einem Imbiss oder zu Kaffee und Kuchen einzuladen. Wo das stattfinden soll und wie – das können Sie jetzt schon festlegen. Wenn Sie nur einen Teil der Gäste dabeihaben möchten oder können, empfiehlt sich ein entsprechender separater Hinweis, der gezielt der gedruckten Bestattungseinladung beigelegt wird.

- *Wünschen Sie sich einen Grabstein?*

Wenn Sie auf einem Friedhof bestattet werden, können Sie festlegen, ob es einen Grabstein auf Ihrem Grab geben soll und wenn ja, aus welchem Material er bestehen soll. Sie können die Inschrift angeben und Skizzen für eine eventuelle künstlerische Ausarbeitung beifügen.

Tipp: Hören Sie sich um, ob ein Steinmetz in Ihrer Umgebung gebrauchte Steine wiederaufbereitet und neu beschriftet! Sie sind oft günstiger und dabei von besserer Qualität als neue Steine, die z. T. in asiatischen Steinbrüchen mittels Kinderarbeit abgebaut werden.

- *Welcher Bestatter soll Ihre Beisetzung ausrichten?*

Sie können jetzt schon einen Auftrag erteilen, mit dem Sie einem bestimmten Bestatter Ihrer Wahl die Vollmacht erteilen, im Sterbefall alle damit zusammenhängenden Formalitäten zu übernehmen. Dann müssen sich Ihre Angehörigen später keine Gedanken mehr machen, wen sie dafür engagieren sollen. Bei diesem Bestatter können Sie auch Ihre Bestattungsverfügung hinterlegen, sodass alle Beteiligten gleich im Bilde sind. Wenn Ihre Angehörigen trotzdem einen anderen Bestatter beauftragen wollen, kann der Vertrag gegen eine bestimmte Gebühr annulliert werden.

Den digitalen Nachlass regeln

Fast jeder ist heute im Internet unterwegs, macht Online-Banking und -Einkäufe, hat womöglich auch einen Facebook-, Twitter- oder Instagram-Account oder ist in verschiedenen Foren aktiv. Um nach dem Tod die Einträge dort löschen zu können, werden Ihr Benutzername und Ihr Passwort benötigt. Deponieren Sie diese Angaben in einem Bankschließfach, im Safe oder bei einer Person Ihres Vertrauens, ebenso ggf. das Passwort für Ihren Computer, Ihr Laptop und Ihr Smartphone.

Facebook bietet an, im Todesfall ein Profil in den »Gedenkzustand« zu stellen. Dann kann sich niemand mehr mit dem Profil einloggen, sodass auch mit Passwörtern kein Schindluder mehr betrieben werden kann. Außerdem können Sie noch zu Lebzeiten sogenannte »Nachlasskontakte« festlegen, die begrenzt auf das Profil zugreifen und bei Nachfragen darauf hinweisen können, dass der Betreiber des Profils gestorben ist. Sie können auch Kopien herunterladen oder die Löschung des Profils beantragen.

Wenn Sie nicht wollen, dass Ihre Angehörigen Zugriff auf Ihre Daten und Ihren elektronischen Schriftverkehr haben, können Sie einen digitalen Nachlassdienst beauftragen, nach Ihrem Ableben Ihr digitales Erbe zu regeln und Facebook-, Twitter- oder andere Accounts sowie Ihre WhatsApp-Nachrichten zu löschen. Dieser Dienst ist kostenpflichtig und erfordert ein gewisses Vertrauen in den Nachlassdienst.

Geben Sie in Ihrer Bestattungsmappe an, in welchen sozialen Netzwerken Sie gemeldet sind und wer außer Ihnen über das Passwort Bescheid weiß bzw. wo Sie es deponiert haben.

Die seelische Vorbereitung auf das Sterben

Wenn Sie sich schon zu Lebzeiten damit auseinandergesetzt haben, dass das Sterben zum Leben gehört und nur ein Tor ist in eine andere Welt, verliert der Tod einen Gutteil seines Schreckens. Viele Menschen haben weniger Angst vor dem Tod als vor dem Sterben. Sie fürchten Leiden und Schmerzen und vor allem das hilflose Ausgeliefertsein an eine Pflege durch andere. Beides lässt sich dank ausgefeilter Schmerztherapien und Palliativmedizin gut auf ein Minimum reduzieren. Aber manchmal ist es doch nicht möglich, Schmerzen ganz und gar zu dämpfen – und obendrein erleben viele Sterbende erstmals eine weitere Form von Leid: den Schmerz, der aus der Seele kommt.

Wenn sich das Leben dem Ende zuneigt, steigt in der Seele all das auf, was im Leben noch nicht bewältigt wurde – Verletzungen, die man selbst erfahren, aber auch die, die man anderen zugefügt hat. Gerade mit letzteren sind Angst, Schuldgefühle und ein schlechtes Gewissen verbunden. Am schwersten wiegt dann die Sorge, dass man bei den Menschen, mit denen man schicksalsmäßig verbunden ist, nicht mehr um Verzeihung bitten oder ihnen Trost spenden kann.

Es ist deshalb eine gute seelische Vorbereitung auf das Sterben, solche unerledigten Dinge zu klären, bevor es zu spät ist. Machen Sie reinen Tisch mit ungeklärten Streitfällen. Versuchen Sie, sich auszusprechen oder schreiben Sie einen Brief – dann haben Sie wenigstens Ihrerseits das Mögliche getan. Umso leichter ist Ihr Gepäck, wenn Sie gehen.

Es tut gut, vor dem Tod noch alles auszusprechen, was einem auf der Seele liegt. Das können ganz einfache Dinge sein oder auch Gewichtiges wie Liebeserklärungen oder Glaubensfragen, wie das Beispiel einer Frau zeigt, die wollte, dass ihre Asche in Nepal verstreut wurde. Ich sollte zu ihr ins Hospiz kommen und mit ihr darüber sprechen. Es stellte sich heraus, dass diese Frau aus Australien stammte und einige Zeit in Nepal gelebt hatte. Als dort der König gestürzt wurde und ein Bürgerkrieg ausbrach, musste sie das Land verlassen. Später heiratete sie einen Deutschen und hatte mit ihm einen inzwischen 14-jährigen Sohn. Wir sprachen Englisch miteinander, und während des Gesprächs merkte ich: Die Sterbende war eigentlich Buddhistin, hatte das aber vor ihrer Familie ihr Leben lang verborgen und zurückgestellt. Ich fragte sie: »Meinst du nicht, dass es jetzt Zeit ist, dass du das, was da in deinem Herzen lebt, endlich mal aussprichst und lebst, bevor du gehst?

Jetzt ist nicht dein Mann wichtig oder dein Sohn, sondern dein Weg.«

Ich habe dann einen buddhistischen Mönch ausfindig gemacht, der sie noch zweimal besuchte. Bei den Gesprächen und Zeremonien mit ihm war der Mann der Patientin mit dabei und hat zutiefst interessiert mitgehört. Als sie gestorben war und die Bestattung anstand, wurde der Mönch ebenfalls mit einbezogen; er hat zusammen mit der Familie die Feier gestaltet.

Auch das ist Sterbevorbereitung: einem Menschen ermöglichen, seinen Weg zu gehen. Ihm dabei helfen, sich als Mensch weiterzuentwickeln, den Übergang gut zu schaffen. Denn Entwicklung ist möglich bis zum letzten Atemzug!

Das Lassen üben

Wenn man loslassen muss, was einen ein ganzes Leben lang begleitet hat – den eigenen Körper –, ist das zwangsläufig mit Trauer und Schmerz verbunden. Der Körper ist unser ganzes Erdenleben hindurch unser Zuhause. Und auch wenn er uns manchmal nervt oder womöglich quält: Er ist unser Leib, unsere Heimat.

Je mehr Sie sich klarmachen, dass dieser Verlust zwangsläufig irgendwann ansteht, desto weniger wird es Sie überraschen, wenn es so weit ist.

Ein sehr gutes Beispiel dafür ist Viktoria. Sie rief mich eines Tages an, mit einer jungen, frischen Stimme. Sie sagte, sie habe Krebs im letzten Stadium und würde gern ihre Bestattung mit mir vorbereiten. Als ich ankam, war sie schon bettlägerig, dabei aber perfekt von oben bis unten gestylt. Viktoria stammte aus Kanada, war aber in Deutschland aufgewachsen und hatte drei Kinder im Alter von damals zwei, sechs und zehn Jahren, die sie alleine großzog. Zum Vater der Kinder bestand schon seit längerer Zeit kein Kontakt mehr, er hielt sich an unbekanntem Ort im Ausland auf. Die Großeltern kümmerten sich rührend, waren aber zu alt, um nach dem bevorstehenden Tod der Tochter alle drei Kinder bei sich aufzunehmen. Das Letzte, was Viktoria wollte, war jedoch, dass die Kinder getrennt würden. Sie hatte gebetet, gehofft, gewünscht, dass sie irgendwie zusammenbleiben könnten.

Auch als sie schon krank war, hatte sie noch in ihrem Beruf als Dekorateurin gearbeitet, solange es eben ging; sie musste ja Geld verdienen. Eines Tages bekam sie den Auftrag, einen Kindergarten zu renovieren. Der Leiter der Schule, zu der der Kindergarten gehörte, merkte, dass es Viktoria eigentlich überhaupt nicht gut ging, obwohl sie versuchte, sich zusammenzureißen. Sie kamen ins Gespräch und Viktoria schilderte offen ihre Situation. Kurzerhand sagte der Schulleiter: »Ich frage meine Schwester, ob sie die Kinder nach Ihrem Tod übernimmt.« Und das hat diese wunderbare Frau zusammen mit ihrem Mann tatsächlich getan, obwohl sie selbst ein Jahr zuvor Zwillinge bekommen hatte. Nicht einmal der Umstand, dass diese Veränderung den Umzug in eine viel größere Wohnung bedeutete, konnte die Familie davon abbringen. Viktoria selbst konnte die Zimmer für ihre Kinder noch wunderschön gestalten – und ihr eigenes dazu, wohl wissend, dass es ihr Sterbezimmer sein würde. Die Familie nahm sie nämlich in ihren letzten Wochen auch noch mit auf. Es war wirklich eine überwältigende Hilfsbereitschaft, die ihr und den drei Kindern damit zuteil wurde.

Mein erstes Gespräch mit Viktoria war markant. Sie wollte ganz genau wissen, was ich mit ihr machen würde, wenn sie gestorben ist. Sie wollte gut aussehen, mit Make-up und allem Drum und Dran! Außerdem sollte die Feier ganz in Weiß sein und alle sollten weiße Blumen mitbringen.

Als der Tag dann gekommen war, haben wir Viktoria gemeinsam gewaschen und ihr das weiße Kleid angezogen, das sie schon lange vorher dafür ausgewählt hatte. Der älteste Sohn hat mitgemacht, die Kleinen beobachteten aus der Ferne, was da mit ihrer Mama passierte. Als alles fertig war, sah sie wie eine Prinzessin aus – so schön, dass die Zweijährige ihre Scheu überwand und die ganze Nacht bei der Mama schlief.

Viktorias Freund hat dann zusammen mit ihrer Schwester bei ihr Totenwache gehalten, die ganze Nacht über. Er war Arzt und sagte, so etwas Schönes habe er noch nie erlebt. Im Krankenhaus sei der Tod meist rundum schrecklich. Wenn ein Patient stirbt, werde einfach alles abgestöpselt, der Körper mit einem Laken zugedeckt und dann in die Pathologie abgeschoben.

Am nächsten Tag ließen wir den Sarg kommen und die ganze Familie bemalte ihn. Die Zwillinge krabbelten überall herum und brachten Leben in die Bude. Es war eine schöne, heitere Stimmung; Viktorias Kinder konnten gut von ihrer Mutter Abschied nehmen.

Die große Feier war dann auf dem Friedhof und alle Gäste hatten, wie Viktoria es sich gewünscht hatte, eine weiße Rose mitgebracht. Am Schluss steckten 200 weiße Rosen auf dem Grab wie ein riesiger Blumenstrauß! Am Ausgang bekam jeder Gast ein kleines Organza-Beutelchen mit einem Bild von Viktoria und einem Stein, der mit einem goldenen Engel bemalt war. Diese Beutelchen hatte sie alle noch eigenhändig genäht und befüllt.

Es hat mich sehr berührt, wie Viktoria ihr Leben und auch ihr Sterben in die Hände genommen hat. Natürlich war es ein außergewöhnlicher Glücksfall, dass die Schwester des Schuldirektors sie und ihre Kinder so bereitwillig aufgenommen hat. Aber es war typisch für Viktoria, dass ausgerechnet ihr so etwas geschenkt wurde – sie hatte eine unglaublich sympathische

Art, die Menschen für sich einzunehmen. Es ist ja nicht einfach für eine Mutter, ihre Kinder einer anderen Familie anzuvertrauen, selbst unter diesen extrem günstigen Bedingungen. Viktoria hat wirklich das Loslassen geübt, auf eine sehr würdige, künstlerische Art und mit dem ihr eigenen unwiderstehlichen Charme.

Zum Loslassen gehört auch, nicht mehr über alles bestimmen zu können. Im Sterben sind wir gezwungen, Kontrolle abzugeben – wie bei der Geburt. Wenn eine Frau ein Kind zur Welt bringt, muss sie sich ganz und gar diesem archaischen Geschehen hingeben, und je weniger sie dabei selbst zu steuern bemüht ist, desto besser läuft die Geburt meistens. Im Sterben ist es ähnlich. Da können wir uns nur hingeben und alles geschehen lassen.

Keine einfache Anforderung in einer Zeit, die so sehr auf Kontrolle und Selbstbestimmung ausgerichtet ist wie die unsere! Viele Menschen haben Angst davor, pflegebedürftig zu werden. Das ist verständlich, aber es hilft nichts: Gerade im Sterben sind wir darauf angewiesen, einfühlsam und liebevoll gepflegt zu werden. Dafür muss sich niemand schämen. So liebevoll, wie wir ein Baby versorgen, können und sollten wir uns selbst als Sterbende betreuen lassen.

Jeder kann sich schon zu Lebzeiten innerlich darauf gefasst machen, dass dieser Pflegefall womöglich eintritt, und Vorkehrungen treffen, indem er eine Pflegeeinrichtung aussucht oder Geld zurücklegt, um zu Hause gepflegt werden zu können.

Viele Sterbende verbringen ihre letzten Tage in einer Art Dämmerzustand. Sie sind nicht mehr richtig hier auf dieser Welt, aber weg sind sie auch noch nicht. Ihr Bewusstsein ist jedoch wach, sie können uns hören und wahrnehmen. Dann tut es gut, wenn wir ihnen Geschichten oder Gedichte vorlesen, die ihren Zustand aufgreifen und ihnen helfen, sich vom

Körper zu lösen. Es sind Märchen und Parabeln, in denen es um das Loslassen geht, oder um die Verwandlung, die Seelenreise. Einige Anregungen dafür finden Sie im Anhang dieses Buches ab Seite 188.

Die geistige Vorbereitung auf das Sterben

Jeder Mensch stellt sich irgendwann die Frage, wie es wohl nach seinem Ableben weitergeht. Wo bleibt die Energie, die uns leben lässt? Nach Einsteins Energieerhaltungssatz kann sie ja nicht verloren gehen oder sich in Nichts auflösen.

Natürlich weiß niemand so genau, was mit Seele und Geist passiert, wenn der Körper seinen Dienst versagt, doch Ideen dazu gibt es zahlreiche. Vor allem die Urvölker hatten genaue Vorstellungen und Mythen, wie es nach dem Tod weitergeht. Das Tibetische Totenbuch beschreibt das recht genau, ebenso die Azteken, die davon ausgingen, dass eine verstorbene Seele in verschiedene hierarchisch gegliederte Bereiche eingeht. Heute erscheint uns das etwas obskur, dabei finden sich darin viele Urbilder, zu denen wir einen wohltuenden neuen Zugang finden können.

Die meisten »modernen« Menschen weichen der Frage jedoch aus und verdrängen sie, weil sie meinen, damit den Tod herbeizurufen. Erst wenn ein naher Angehöriger oder enger Freund gestorben ist, stellt sich plötzlich konkret die Frage: Wo ist er jetzt, dieser Mensch, der mir so lieb war? Ist er wirklich ganz weg oder kann ich noch mit ihm in Dialog treten? Ist er vielleicht noch immer um mich herum und ich kann ihn nur nicht sehen?

Mir ging es ähnlich – ich habe mich erst nach dem Tod meiner Mutter näher mit diesen Gedanken befasst. Es war, als hätte sie selbst mir die Tür dafür geöffnet. Für mich endet mein Sein nicht damit, dass mein Herz aufhört zu schlagen; nur das Leben auf der Erde ist vorbei. In der geistigen Welt geht es weiter.

Ich bin davon überzeugt, dass es in unserem Inneren einen Wesenskern gibt, der unzerstörbar und immer gesund ist, der nach dem Tod der leiblichen Hülle weiterlebt und in ein anderes, neues Stadium eintritt. Viele Menschen, die schon einmal eine Nahtoderfahrung gemacht haben, bestätigen das. Aber natürlich gibt es darüber viele unterschiedliche Auffassungen – die ich alle respektiere.

Die geistige Vorbereitung auf das Sterben besteht darin, sich Gedanken über das »Danach« zu machen. Jeder kann darauf seine eigenen Antworten finden. Entscheidend ist, dass man überhaupt darüber nachdenkt.

Ein Krankenpfleger erzählte mir einmal die Geschichte eines Sterbenden, der starke Schmerzen hatte und nach immer höheren Morphindosierungen verlangte. Als eine kritische Grenze erreicht war und die Dosis nicht mehr gesteigert werden konnte, setzte sich der Pfleger ans Bett des Patienten und fragte ihn, wovor er eigentlich so viel Angst habe. Es stellte sich heraus, dass der Mann in schierer Panik war, weil sein vom Krebs geschundener Körper mehr und mehr zerfiel und er fürchtete, dass nichts von ihm übrig bleiben werde. Für ihn war der Gedanke unerträglich, dass mit dem Tod alles für immer ausgelöscht sein würde. Der Pfleger fragte ihn, ob er sich vorstellen könne, dass es in seinem Inneren einen Kern gebe, der immer – auch jetzt – heil und unversehrt ist und der mit dem Tod in ein anderes Bewusstseinsstadium übertreten werde. Die beiden sprachen eine ganze Weile über diese Fragen, und der Patient wurde zusehends ruhiger. In den Folgetagen konnte die Dosis der Schmerzmedikamente drastisch heruntergesetzt und zum Schluss fast auf Null reduziert werden. Er starb in Frieden.

Dieses Beispiel zeigt, wie schlimm und bis ins Körperliche hinein schmerzlich es sein kann, wenn ein Mensch keine Vorstellung davon hat, wie es nach dem Tod mit ihm weitergeht. Und gegen seelische Schmerzen hilft nun mal kein noch so starkes Medikament; sie bleiben im Inneren auch dann bestehen, wenn ein Arzt so starke Beruhigungsmittel spritzt, dass der Sterbende nicht mehr bei Bewusstsein ist. Insofern erscheint es fragwürdig, ob diese »palliative Sedierung« tatsächlich eine so gute Idee ist und ob sie wirklich so häufig sinnvoll ist, wie sie heute erfolgt. Völlig sediert hat ein Sterbender ja keine Chance mehr, mit sich und anderen ins Reine zu kommen – was den Seelenschmerz sogar noch verstärken kann.

Es kann sehr spannend sein, im Freundeskreis die Frage zu stellen, wie sich jeder Einzelne die Zeit nach dem Tod vorstellt. Wer zu solchen Themen im persönlichen Umfeld kein Echo findet, kann sich im Café Tod (siehe Seite 171) oder ähnlichen Gesprächskreisen näher damit beschäftigen. Wenn man nur nach ihnen sucht, findet man auf jeden Fall Menschen, die sich solche Fragen schon einmal gestellt haben.

Den Schatten begegnen

Manchmal ist es so, dass im Sterbeprozess aus dem Unbewussten unverarbeitete Gefühle und Erlebnisse auftauchen, die wir mit uns herumtragen. Normalerweise haben wir diese Schattenseiten gut im Griff. Geht es aber ans Sterben, und Seele und Geist beginnen sich vom Körper zu lösen, macht sich dieses Unverarbeitete oft nochmal mit aller Wucht bemerkbar. Manche Menschen beginnen dann unkontrolliert zu schreien, sie scheinen wie von fremden Mächten besessen – und sind es irgendwie ja auch, sie sind nicht wirklich sie selbst. Das Schreien ist Ausdruck davon, dass unverarbeitete Anteile die

Oberhand gewinnen. Weil der Sterbende sich aber schon im Lösungsprozess befindet, kann er das, was ihn bewegt und bedrückt, nicht mehr verbal ausdrücken. Dann kommt es zu solch unkontrolliertem Schreien, mit dem er es zumindest teilweise verarbeiten kann.

Das Team des Christophorus-Hospizes am Berliner Gemeinschaftskrankenhaus Havelhöhe setzt sich mit dieser Problematik schon seit Langem kontinuierlich auseinander und hat sich bewusst dazu entschieden, mit sedierenden Medikamenten grundsätzlich sehr behutsam umzugehen. Denn das Bewusstsein des Menschen wird dort als etwas sehr Wertvolles betrachtet, was es nach Möglichkeit zu erhalten gilt. Es ist das, was den Menschen erst zum Menschen macht und vom Tier unterscheidet. Einem sedierten Menschen wird die Möglichkeit genommen, mit seinen Mitmenschen in Kontakt zu treten. Ein Sterbenskranker kann sich zum Beispiel dann nicht mehr von seinen Angehörigen verabschieden, wichtige Worte können nicht mehr ausgesprochen werden. Dabei machen Sterbende oft gerade noch in ihren letzten Tagen und Stunden wichtige Entwicklungsschritte, um die sie die palliative Sedierung bringt. Das ganze Team ist deshalb bemüht, auch bei Patienten, die unkontrolliert schreien oder sehr unruhig sind, die Gabe von starken Beruhigungsmitteln, die das Bewusstsein weitgehend ausschalten, möglichst zu vermeiden.

Einer der Pfleger im Christophorus-Hospiz hatte einmal eine Patientin zu betreuen, die wie oben beschrieben unkontrolliert schrie. Auf der Grundlage der Erfahrungen im Team lag die Frage nahe, ob diese Patientin vielleicht gar nicht sie selbst ist, sondern etwas ganz anderes aus ihr spricht. Deshalb nahm er sie vorsichtig bei den Schultern, schaute ihr direkt in die Augen und fragte sie: »Wer spricht durch dich?« Sie schwieg abrupt, wandte den Kopf ab, sagte mit verstellter Stimme: »Ich bin's nicht«, und begann von Neuem zu schreien.

Auch Menschen mit Demenz können böse und aggressiv werden. Das ist ein ähnliches Phänomen: Sie sind nicht richtig bei sich. Etwas anderes zeigt sich, das wir nicht näher benennen können, das aber doch deutlich da ist und zum Vorschein kommt. Es ist ein Loslösungsprozess, der sich oft über viele Jahre erstreckt.

Vor Kurzem sah ich einen Filmbericht über eine Gerichtsverhandlung gegen einen Mann, der einen jungen Muslim getötet hatte. Der Vater war bei diesem Gerichtsprozess dabei und mit dem Mörder seines Sohnes konfrontiert. Er sagte zu ihm: »Im Islam sehen wir es so: Ich vergebe dir und ich liebe dich, aber ich bin dem Teufel böse, der durch dich gearbeitet hat.«

So ist es auch bei schreienden Sterbenden: Wir dürfen ihre Aggression und ihr Schreien nicht persönlich nehmen. Sie meinen nicht uns. Aus ihnen spricht eine Kraft, die nur deshalb zum Vorschein kommen kann, weil sie selbst schon halb auf dem Weg aus dem Körper heraus sind. Über das Schreien können sie diese negativen Kräfte verarbeiten und überwinden.

Es ist schwer, so ein Schreien zu begleiten. Aber wenn man weiß, was hier vor sich geht, fällt es leichter, es auszuhalten oder Mittel und Wege zu finden, um den Lärm abzudämpfen.

Meist kehrt spätestens drei Tage vor dem Tod wieder Ruhe ein. Dann sind diese Kräfte nicht mehr wirksam und der Sterbende erscheint auf eigenartige Weise wie gereinigt, geläutert und erleichtert.

Die Parallelen von Geburt und Tod

Schon mehrfach habe ich betont, dass Geburt und Tod für mich zwei Tore sind zur geistigen Welt, aus der wir kommen und in die wir wieder eingehen. Deshalb spreche ich gern von einer »Himmelsgeburt« und vom »Himmelsgeburtstag« anstatt von Tod und Todestag. Schon der Schriftsteller und Philosoph Novalis (1772–1801) sagte: »Wenn ein Geist stirbt, wird er Mensch. Wenn der Mensch stirbt, wird er Geist.«

Bei Geburt und Tod gibt es viele Parallelen – bis ins Körperliche hinein:

- Man verliert das Gefühl für Zeit und Raum. Stunden können einem wie Sekunden vorkommen, Sekunden wie Stunden. Das Zeitempfinden löst sich aus dem Realen und geht über in eine individuelle Wahrnehmung, die bestimmt wird von dem Kind, das kommt, oder dem Sterbenden, der geht.
- Ein kleiner Kreis von Menschen begleitet die Geburt und auch das Sterben – Angehörige, freiwillige Helfer, Pflegende, Ärzte. Und trotzdem sucht sich ein Sterbender oft gerade den Moment aus für seinen Tod, an dem niemand im Zimmer ist. Ein Phänomen, das viele Angehörige bestätigen können: 80 Prozent der Menschen sterben alleine.
- Ein Kind kommt von der Unsichtbarkeit in die Sichtbarkeit, ein Sterbender geht vom Sichtbaren ins Unsichtbare. Natürlich können wir inzwischen ein Kind im Mutterleib über Ultraschall sehen – aber ohne dieses technische Hilfsmittel bliebe es im Verborgenen.
- Ähnlich verhält es sich mit der Bewegung: Das Kind beginnt im Geborenwerden mit dem freien Bewegen (vorher im Mutterleib war das nur begrenzt möglich), ein Sterbender wird immer unbeweglicher und erstarrt mit dem letzten Atemzug.
- Bis zum letzten Moment bleibt es unklar, wann ein Kind auf die Welt kommt – es sucht sich selbst den richtigen Zeitpunkt aus (es sei denn, es handelt sich um einen geplanten Kaiserschnitt, den man aber nicht als natürlichen Geburts-

verlauf bezeichnen kann). Auch im Sterbeprozess weiß niemand, wann es wirklich so weit ist. Der Sterbende sucht sich seinen Todeszeitpunkt selbst, es sei denn, dieser wird künstlich beschleunigt, z. B. durch eine palliative Sedierung oder durch Sterbehilfe – wie beim Kaiserschnitt ist auch das ein künstlich herbeigeführter Prozess.

- Jede Geburt und auch jeder Sterbemoment ist ein Augenblick der Stille und des Innehaltens, ein heiliger Moment. Wer ein Geburts- oder ein Sterbezimmer betritt, wird von ganz alleine erst einmal still. Wenn ein Mensch seinen ersten oder seinen letzten Atemzug getan hat, entspannen sich seine Züge, und es bildet sich um ihn herum eine geheimnisvolle Aura, die man nicht beschreiben, wohl aber erleben kann.
- Bei einem Neugeborenen kann man deutlich sehen, wie das Leben nach der Geburt in den Körper hineinströmt – die Lungen entfalten sich, das verknitterte Gesichtchen strafft sich. Beim Sterben ist es umgekehrt – Saft und Kraft weichen zusehends aus dem Körper, zum Schluss ist nur noch die leere Hülle übrig.
- Alles, was sich beim Kind mit der Geburt öffnet – Atmung, Sinne, Schwerkraft, Verdauen, Licht- und Wärmeerleben –, schließt sich beim Sterbenden bzw. öffnet sich in eine andere Richtung.
- Bei einer Geburt und ebenso beim Sterben muss man Geduld aufbringen – die werdende Mutter ebenso wie Angehörige, die einen Sterbenden begleiten.
- Wie die Geburt und der Weg ins Leben hinein von Wehen begleitet wird, so ist auch der Sterbeprozess und der Weg aus dem Leben hinaus ein Vorgang, der phasenweise und mit schmerzhaften Übergängen verläuft. Es sind Wehen, durch die wir hindurch müssen, wenn wir uns von unserem Leib lösen.

- ➢ Sowohl ein Neugeborenes wie auch ein Sterbender strahlen etwas Heiliges aus. Beide können ihrem Gegenüber gleichermaßen direkt in die Seele schauen. Einem Sterbenden und auch einem Neugeborenen kann man nichts vormachen; man hat das Gefühl, die Augen entlarven jede Lüge und jede Heuchelei.

All diese Parallelen zeigen deutlich, wie eng Geburt und Tod miteinander zusammenhängen. Indem wir uns das immer wieder klarmachen, können wir uns geistig auf das Sterben vorbereiten – als unsere Himmelsgeburt.

Besonders sinnig erscheint in diesem Zusammenhang, dass im Gemeinschaftskrankenhaus Havelhöhe in Berlin die Entbindungsstation und das Hospiz gemeinsam in einem Haus angesiedelt sind – der Kreißsaal im Erdgeschoss, das Hospiz unterm Dach, dem Himmel ganz nah. Und immer wieder kommt es vor, dass gleichzeitig unten eine Frau in den Wehen tönt und oben ein Mensch im Sterbeprozess …

»Einen würdigen Umgang ermöglichen«

Die Schauspieler und Filmemacher Beatrice von Moreau (44) und George Inci (53) bekamen im Juni 2017 ihren Sohn Timon, der aufgrund einer organischen Fehlbildung tot geboren wurde. Sie erzählen, wie sie die Zeit der Schwangerschaft und die Bestattung ihres Sohnes erlebten und welche Erfahrungen sie dabei gemacht haben.

Beatrice: Im Februar 2017 entdeckte meine Gynäkologin bei einer Routineuntersuchung, dass die Fruchtblase, in der unser Kind heranwuchs, kein Wasser mehr enthielt. Offenbar waren keine Nieren vorhanden, was wiederum zur Folge hatte, dass sich die Lungen nicht richtig ausbildeten. Sie sagte, das Kind werde nach der Geburt vermutlich nicht lebensfähig sein. Das war natürlich ein Schock für uns. Bis dahin war mit der Schwangerschaft immer alles in Ordnung gewesen. Sicherheitshalber überwies sie uns für eine Ultraschall-Feindiagnostik zu einem Spezialisten.

In dieser Situation darf man in Deutschland eine Schwangerschaft auch in einem so späten Stadium abbrechen. Das war für mich allerdings überhaupt keine Option. Ich wollte dieses Kind austragen. Das war gar keine Entscheidung, ich wusste es einfach.

Mich ärgerte, dass über mein Kind, das zu diesem Zeitpunkt definitiv am Leben war, aufgrund eines Ultraschalls gesagt wurde, es sei nicht lebensfähig. Denn es lebte ja – offensichtlich! Ich wollte nicht, dass das Leben bereits für beendet erklärt wurde, solange es noch da war. Es war deutlich spürbar, und die Werte waren bis auf das fehlende Fruchtwasser alle vorbildlich. Ich wollte meinem Kind die Möglichkeit lassen, sich noch anders entscheiden zu dürfen.

Wir waren der Meinung, dass allein unser Kind uns vorgibt, wann und wie es zu Ende gehen soll.

Ich glaube, eine Seele entscheidet selbst, wie, wann und wohin sie kommen möchte. Timon suchte sich eine Krankheit aus, die man nicht früh diagnostizieren kann. Er wollte vielleicht nicht, dass wir schon in den ersten Wochen oder Monaten sehen, dass mit ihm etwas nicht in Ordnung ist. Vielleicht hätten wir die Schwangerschaft dann doch innerhalb der ersten drei Monate beendet? Ich weiß es nicht. Ich glaube, ich hätte mich genauso entschieden. Da ich nicht mehr die Jüngste bin, hatten wir uns natürlich schon im Vorfeld überlegt, ob wir im dritten Monat eine Feindiagnostik machen lassen. Wir entschieden uns dagegen, weil wir fanden, dass wir doch nicht so lange Kinder »züchten« können, bis genau das dabei herauskommt, das wir gerne hätten! Wir waren uns einig: Das Kind darf sein, wie es ist.

Wir bekamen rasch einen Termin beim Ultraschallspezialisten. Als der Arzt seinen Schallkopf auf meinen Bauch hielt, sprach er über unser Kind wie über einen Gebrauchtwagen, bei dem nichts mehr funktioniert: »Es sind keine Nieren da, es gehen noch nicht mal Blutgefäße bis zur Niere, das Herz ist viel zu groß, die Lunge viel zu klein, es ist kein Magen da. Es liegt auch schon ganz apathisch, wahrscheinlich wird es nicht mehr lange leben …« Das rief er alles über meinen Bauch hinweg seiner Assistentin zu, die im Raum weiter hinten saß und alles mitschrieb. Ich lag nur da und weinte. Das war eine schreckliche Erfahrung.

George: Viele Menschen halten einfach diesen Zustand nicht aus. Den Zustand des voraussichtlichen Todes. Sie wollen lieber Leben retten. Das kann man ja aber erst, wenn man dem Tod ins Auge schaut. Man muss die andere Seite kennen. Interessant war bei dem ganzen Verlauf der Schwangerschaft, dass es eher die Männer waren, die panisch reagierten, während die Frauen ruhig blieben, Beatrice schützten und uns bei der Kommunikation mit dem Kind halfen – vor allem die Ärztinnen und Hebammen im

Gemeinschaftskrankenhaus Havelhöhe, wo Timon zur Welt kommen sollte.

Der Tod gehört nun mal zum Leben. Natürlich haben wir Angst davor. Aber Timon hat uns gelehrt, dass der Tod nichts Schlimmes ist, nichts Gefährliches, sondern eine Kraft. Dadurch ist er für uns zum Kompass geworden. Er hatte darin eine große Klarheit und Tiefe. Indem wir ihm gefolgt sind, ihn begleiteten, hat er uns stark gemacht und aufgerichtet.

Beatrice: Für mich war es furchtbar, immer wieder vor eine Entscheidung gestellt zu werden, die für mich gar nicht existierte. So oft hieß es: »Wir müssen Sie darüber aufklären, dass Sie die Schwangerschaft auch jetzt noch abbrechen dürfen.« Darüber musste man mich ja aber nicht mehr aufklären, das wusste ich.

In Havelhöhe war das von Anfang an anders. Da saß ich vor einer Ärztin und sie sagte als Erstes: »Was kann ich für Sie tun?« Da kamen mir sofort die Tränen, weil ich zum ersten Mal das Gefühl hatte, es geht um mich. Es geht nicht um eine Diagnose, sondern da ist jemand, der mir wirklich zur Seite stehen will. Ich fühlte mich als Mensch gesehen und gehört.

Havelhöhe hat leider keine Neonatologie – eine Entscheidung des Berliner Senats, die für uns nicht nachvollziehbar ist. Deshalb sah es so aus, als ob wir unser Kind dort nur bekommen könnten, wenn es vor der Geburt stirbt. Sollte es noch leben, wenn es zur Welt kommt, hätte man es dort nicht behandeln können. Also riet uns die Ärztin, in eine Klinik zu gehen, die eine Palliativstation für Kinder aufgebaut hatte.

Dort saßen wir vor einer Elternberaterin, die uns so lange voller Mitleid ansah, bis mir die Tränen kamen. Ich sagte ihr, dass ich das Kind austragen wollte. Sie erklärte uns, sie täten alles, was wir bräuchten. Sie würden uns alles abnehmen, auch den Kontakt zu ambulanten Ärzten, wir bräuchten uns um nichts zu kümmern. Ich verstand nicht. Wozu? Ich war doch nicht unmündig geworden, nur weil ich eine stille Geburt haben würde?

Dann kam der Arzt hinzu, und wieder hieß es: »Wir müssen Sie darauf aufmerksam machen, dass Sie auch jetzt noch abtreiben dürfen.« Jetzt hätte die Beraterin mir tatsächlich etwas abnehmen können, nämlich die klare Ansage: »Das haben wir schon besprochen, Frau von Moreau möchte das nicht.« Damit wir das nicht wieder und wieder sagen müssen. Ich habe mich von dieser Idee des Schwangerschaftsabbruchs nachgerade penetriert gefühlt.

Der einzige Grund für dieses Gespräch war ja nur die Frage: Wie wahrscheinlich ist es denn, dass unser Kind nach der Geburt medizinische Hilfe braucht? Die Antwort des Arztes war: »So, wie die Diagnose jetzt aussieht, fällt es sofort in einen komatösen Zustand, in dem es keine Schmerzen spürt und nicht unter Atemnot leidet.«

Daraufhin stand für mich fest: Dafür brauche ich keine Palliativstation, sondern nur den bestmöglichen Umgang mit mir und dem Kind. Den bekamen wir in Havelhöhe.

George: In der Rückschau hatten wir damals einen ganz interessanten Konflikt. Wir konnten uns bedauern und uns bemitleiden, dass das alles so furchtbar ist und die Welt so ungerecht. Und andererseits konnten wir die Botschaft darin verstehen und damit die Zuversicht und das Vertrauen in das Leben hochhalten, denn das Kind war ja noch am Leben. Das Leben ist für mich keine Bürde, sondern ein Geschenk, mit allem, was dazugehört, und meine Aufgabe ist es, das Beste daraus zu machen. Deshalb haben wir alles getan, um unserem Kind die Schönheit der Welt zu zeigen – in der Natur, im Leben, im Sein. Wir heirateten in dieser Zeit, um ihn mit dabeizuhaben. Ärzte und Hebammen in Havelhöhe haben uns in dieser Haltung unterstützt, indem sie uns nicht bedauerten, sondern als vollwertige Menschen auf Augenhöhe wahrnahmen und begleiteten.

Beatrice: Sie halfen uns, eine wertvolle Erfahrung zu machen, zum Beispiel auch über die Rhythmischen Einreibungen, die ich alle zwei Wochen bekam. Diese speziellen äußeren Anwendungen aus der anthroposophischen Medizin waren für mich etwas sehr Besonderes. Wir erhielten dabei ganz viele Botschaften und Bilder von Timon. Einmal war es, als wäre ein grüner Kanal freigelegt worden, von Timons Herzen zu meinem. Diese starke Verbindung ist nie wieder weggegangen, sie besteht bis heute. In diesen Bildern, die bei den Einreibungen in mir entstanden, war Timon eine fröhliche Seele, ein kleiner Draufgänger. Er sprang Trampolin und machte wilde Akrobatiknummern am Trapez. Einmal krabbelte er aus meiner Gebärmutter heraus und direkt in den Himmel. Er spielte Verstecken mit der Jungfrau Maria, zupfte sie am Heiligenschein und schlüpfte dann ganz schnell wieder in die Gebärmutter zurück, um sich dort zu verstecken, damit sie ihn nicht erwischt. Solche Späßchen hat er getrieben. Einmal ist er ganz klein und golden geworden und von der Gebärmutter in mein Herz gekrabbelt. Er sagte: »Hier kann ich genauso wohnen wie da. Das ist für mich genau das Gleiche.« Damit hatte er recht. Dort wird er immer wohnen. Er strahlt von da aus in die Welt.

George: Alles im Leben ist eine Botschaft. Alles, was geschieht, soll uns helfen, in unserer Entwicklung voranzukommen, Horizonte zu erfahren, zur Weisheit zu gelangen. Wir wussten, dass unser kleiner Gelehrter – Timon heißt »der Gelehrte« – uns etwas mitgibt. Er war unser kleiner Buddha, unser Meister. Er hat uns und auch unser ganzes befreundetes Umfeld nicht in einen frustrierten Abgrund geschickt, sondern in eine Entwicklung, in einen Prozess. Jeder hat dabei Aspekte im Leben, die lange verdrängt waren, hervorgeholt und sich wieder damit beschäftigt. Das waren gute Erfahrungen, die wir nicht missen wollen und die uns weiser gemacht haben.

Beatrice: Am 18. Juni hatte ich einen Blasensprung. Ich hatte Angst vor der Geburt, weil ich fürchtete, dass ich das Kind dann nicht hergeben will. Wenn man weiß, es wird sterben, sobald man es freigibt, will man das so lange wie möglich hinauszögern. Es war eine Geburt in Beckenendlage – weil so wenig Fruchtwasser da war, hatte Timon sich nicht drehen können. Die Ärzte in Havelhöhe sind auf Geburten dieser Art spezialisiert. Während der Geburt hat mein Körper einfach übernommen. Und plötzlich war da keine Angst mehr. Nur noch die Gewissheit: Das Kind muss jetzt raus, egal, ob es lebt oder nicht!

George: Es war sehr beeindruckend, das mitzuerleben. Die Ärztin und die Hebamme haben Beatrice darin bestärkt, sich auf ihren Instinkt zu verlassen. Sie hatten großes Vertrauen zu ihr und mussten gar nicht eingreifen. Die Hebamme sagte danach: »Timon hat sich entfaltet wie eine Blume.« Das war die beste Geburtshilfe, die wir uns nur wünschen konnten.

Beatrice: Als ich Timon in die Arme nahm, war sein Mund offen, und wir hörten ein leises Knacken, als ob er atmen würde und sich dabei einfach nur schwertat. Wir sagten sofort: »Atme! Atme!« Aber er atmete nicht. Er war schon eine Stunde vorher während der Geburt gegangen. Sein Körper war weich. Er hatte kleine Locken und war wohlgenährt. Er sah aus wie ein normales Baby. So froh wir waren, dass er keine Schmerzen leiden musste, so traurig sind wir bis heute, dass wir nie wissen werden, welche Farbe seine Augen hatten.

George: Wir hüllten ihn in das blaue Tuch, das Beatrice während der Geburt getragen hatte. Dieses Blau begleitete ihn: Ich trug ein blaues T-Shirt, und ich hatte gelesen, dass seinem Sternzeichen Zwilling auch die Farbe Hellblau zugeordnet wird. Wir hatten viel Zeit mit ihm – man hat uns im Kreißsaal fast vier Stunden lang ganz in Ruhe gelassen.

Beatrice: Irgendwann brachten sie uns dann ein Körbchen, in das wir Timon betten konnten. Wir wuschen ihn, ölten ihn ein, nahmen seine Fußabdrücke und zogen ihn an. Wir hatten das Gefühl, dass noch ganz viel Leben in seinem Körper war. Dieses Gefühl hielt bis etwa zum dritten Tag nach der Geburt an. Auf den Fotos ist das nicht erkennbar, aber wir konnten es spüren.

George: Damit tat sich für mich als Filmemacher plötzlich ein

Konflikt auf. Denn wenn ich durchs Objektiv sah, sah ich Timon anders als in der Realität. Seither frage ich mich, was ich da eigentlich abbilde mit meinen Fotos und Filmen. Damit beschäftige ich mich seit Timons Geburt. Diese Diskrepanz ist sehr interessant.

Beatrice: Nach der Geburt kam Timon im Körbchen erst mal mit aufs Zimmer. Er war ganz selbstverständlich dabei. Als wir ihn dann das erste Mal abgaben, war das ein eigenartiges Gefühl: Wir waren Eltern geworden und waren es doch nicht. Ich fühlte mich als Mutter und doch wieder nicht, es war ja kein Kind da. Wir konnten uns Timon bringen lassen, wann immer wir wollten. Zwischendurch war er in der Kühlung, weil es draußen sehr heiß war. Ich hätte ihn am liebsten die ganze Zeit bei mir gehabt. Im Nachhinein war es aber gar nicht so falsch, dass wir ihn immer wieder abgeben mussten. So konnten wir uns Schritt für Schritt daran gewöhnen, dass wir ihn nicht behalten konnten.

George: Manchmal geht es uns heute noch so: Da sitzen wir in der Wohnung und denken: Alles ist wie immer. Aber nichts ist mehr so, wie es war.

Beatrice: Bis zur Geburt hatte es geheißen, wir bekämen ein Mädchen. Wir hatten für unsere Tochter den Namen Ïs gefunden, von Anaïs. Dann stellte sich heraus: Das Mädchen ist ein Junge, und für ihn hatten wir zwei Namen: Timon und Otto. Den Namen Timon hatte ich geträumt. Und Otto hatte ich unser Kind zu Beginn der Schwangerschaft genannt. George fand den Namen ursprünglich furchtbar! Wir dachten, dass wir Timon jetzt zusätzlich noch Isidor nennen müssten, weil wir eigentlich unsere Ïs erwartet hatten. Wir schauten im Internet nach der Bedeutung des Namens und fanden, dass er »Geschenk der Göttin Isis« bedeutet. Isis ist die Göttin der Geburt und des Todes zugleich. Da hatten wir Gänsehaut, und Timon bekam als dritten Namen Isidor.

Dann stand die Frage an: Wie beerdigen wir unser Kind? Wer macht das? Und wo?

George: Darüber in diesem Moment nachzudenken, fand ich

sehr anstrengend. Der erste Bestatter, den man uns vorgeschlagen hatte, war ausgebucht und empfahl uns jemand anderen. Wir schauten uns die Website an, schliefen eine Nacht drüber und sagten dann: Der ist es nicht. Unsere Hebamme wies uns unter anderem auf Angela hin. Das war schon am dritten Tag, und so langsam drängte die Zeit. Was Angela auf ihrer Website schreibt, gefiel uns, wir riefen sie an.

Am nächsten Morgen um 10 Uhr war Angela bei uns und blieb vier Stunden lang. Es war eine im wahrsten Sinne des Wortes »wunder-volle« Unterhaltung. Sie hat uns geholfen, die nächsten Schritte zu gehen und sowohl unserer Trauer als auch der Freude über die Geburt Raum zu geben.

Beatrice: Obwohl es uns immer wieder durch den Kopf ging, wollten wir uns vor der Geburt mit dem Thema Bestattung nicht beschäftigen. Wir wollten Timon bis zum Ende die Möglichkeit offenlassen zu bleiben, und nicht in unseren Köpfen festlegen, dass er in jedem Fall sterben wird. Jetzt aber war die Zeit dafür gekommen. Wir ließen ihn uns ein letztes Mal bringen, um ihn Angela vorzustellen. Danach nicht mehr. Es war schwer, aber es fühlte sich trotzdem richtig an. Ich bin ja trotzdem nie ohne ihn.

George: Was ganz wichtig war für uns, und was uns bei Angelas Konzept gut gefiel: Sie hat nicht den Abschied zelebriert, sondern die Verbindung. Sie hat das Totenreich verbunden mit dem Reich der Lebenden. Dadurch lebt Timon weiter. Er ist nicht gegangen. Er macht jetzt etwas anderes, aber die Verbindung besteht weiter. Angela sagte: »So, wie wir die Toten sehen, sehen sie auch uns.« Das war für mich wie eine Offenbarung, weil ich schon lange denke, dass wir uns selbst ebenso sehen können. Ich war schon bisher mit der Totenwelt in Kommunikation, aber mir war das immer ein bisschen unheimlich. Angela hat mir dafür ein Verständnis und mehr Sicherheit gegeben. Diese Haltung, dass die Verstorbenen uns sehen können und wir umgekehrt auch sie, unterscheidet sie sicher von anderen Bestattern.

Beatrice: Auf dem Standesamt lernten wir einen anderer Bestatter kennen. Er war total akkurat und amtlich. Beim Tod meines Vaters hatten wir auch so einen. Für ihn war das ein Geschäft, er hakte nacheinander ab, was zu tun ist. Worum es eigentlich geht, wenn jemand gestorben ist, kommt gar nicht vor. Es ist ein reiner Verwaltungsakt, mit dem Bestatter als Sachbearbeiter.

Angela dagegen ist ein Mensch. Sie erledigt nicht nur, sie ermöglicht eine Begegnung. Beim ersten Gespräch mit ihr durchrieselte mich plötzlich ein Gefühl der Gnade. Das war seltsam, aber es war so. Es war das Gefühl: Alles ist gut und richtig so, wie es ist. Sie hat die richtige Atmosphäre geschaffen, und Timon war immer dabei.

George: Angela hat uns dann in der Klinik den ersten Abschied ermöglicht und uns dabei an die Hand genommen. Das war für mich einer der wichtigsten Momente. Sie dekorierte eine Liege mit einem goldenen Tuch, das wir mit Blumen bestreuten. Im ganzen Raum brannten Kerzen. Wir befüllten das »Moseskörbchen«, das wir für Timon ausgesucht hatten, mit Rosenblüten, betteten ihn darauf und füllten weiter mit Rosenblüten auf. Am Ende sah man nur noch sein Gesicht mit dem Wollmützchen. Er lag da wie ein kleiner König. Mit Klangschalen begleiteten wir seinen Geist aus seinem Körper.

Beatrice: Das hatte etwas sehr Erleichterndes. Angela sprach einen Text und hatte Lieder mitgebracht. Wir konnten uns selbst mit einbringen, ganz spontan, mit allem, was uns in diesem Moment einfiel. Es war eine ganz offene Struktur, alles war möglich. Das hat unsere Herzen leicht gemacht. Es war kein Drama. Wir konnten Timon helfen zu gehen, er musste nicht festkleben an seinem kleinen Körper. Er durfte fliegen. Er hatte ohnehin schon bei einer Einreibung zu mir gesagt: »Überleg dir gut, was du dir wünschst: Wenn ich gehe, dann musst du mich nur einmal loslassen. Wenn ich bleibe, dann musst du mich dein ganzes Leben lang immer und immer wieder loslassen.«

Als wir dann das Körbchen zugemacht haben, war das nicht mehr schlimm. Es war richtig so. Wir brachten es zum Leichenwagen und stellten es hinein, während wir den irischen Reisesegen sangen. Das hat den Fahrer des Wagens so gerissen, dass er sich abwenden musste. Bevor er losfuhr, kam er noch mal zu mir und wünschte mir alles Gute. Das kam so von Herzen – er war sehr berührt.

George: Da ist etwas passiert, worum es uns die ganze Zeit ging: Es war ein würdiger Umgang. Havelhöhe hat uns schon in der Schwangerschaft und bei der Geburt diesen würdigen Umgang mit uns selbst und dem Kind ermöglicht, und jetzt setzte sich das mit Angela fort, bis in die Beerdigung hinein.

Beatrice: Timons Grab liegt unter einer großen Eiche. Kurz hatten wir überlegt, eine Baumbestattung zu machen, aber ich merkte dann doch, dass ich einen Ort brauche, an den ich gehen und auch etwas hinlegen oder -stellen kann.

George: Als wir den Platz unter der Eiche gefunden hatten, saßen drei Krähen im Baum und keckerten, als würden sie lachen. Für mich war das eine Bestätigung von Timon Otto Isidor.

Beatrice: Sein Name klingt ein bisschen wie ein Abzählreim: Timon Otto Isidor, Freiherr von Moreau. Wir haben diesen Reim auf ein Mantra übertragen, Om Namah Shivaya, und bei der Bestattung auf dem ganzen Weg von der Kapelle bis zum Grab gesungen. Alle waren bunt gekleidet, George und ich trugen zusammen das Körbchen mit Timon. Entgegen des Wetterberichts war der Himmel strahlend blau, und die Sonne schien. Es war das einzige Begräbnis an diesem Tag – Timon konnte sich so richtig ausbreiten.

George: Jeder hatte etwas zu tun bekommen. Alle brachten Rosenblüten mit und hatten eine Kerze in der Hand, die sie am Grab abstellten. Wir warfen Rosenblüten ins Grab und Zettelchen mit Wünschen, die wir Timon mitgaben. Nachdem sein Körbchen abgesenkt worden war, schaufelten wir das Grab selbst zu.

Beatrice: Irgendwann hat sich das komplett verselbstständigt. Jeder machte etwas. Der eine blies Seifenblasen, andere schaufelten, sangen oder spielten ein Instrument. Ich hatte den ganzen Tag schon einen Jodler im Kopf, zwei meiner Freunde, mit denen ich mal einen Jodelkurs gemacht hatte, waren auch da, und so haben wir gemeinsam an Timons Grab gejodelt. Das war großartig!

Timon hat den Menschen eine Tür aufgemacht, sodass sie sich selbst öffnen konnten. Viele schrieben uns, dass sie – teilweise viele Jahre zurückliegend – eine Fehlgeburt oder ein Kind verloren hatten, was wir gar nicht wussten.

George: Mein Eindruck ist, dass Timon bei jedem, der mit ihm zu tun hatte, ein Erdbeben ausgelöst hat – uns eingeschlossen. Er schnipste mit seinen kleinen Fingern und entfachte ein Feuer im Herzen in jedem von uns. Mit seinem großen Herzen hat er uns alle berührt.

Einmal, als ich mich im Geiste mit ihm verband, fragte ich ihn: »Wer bist du?« Und er antwortete: »Ich bin wie ein Baum. Der ist still, aber riesig groß. Ich bin wie das Wasser. Still, aber unermesslich weit. Ich bin wie ein Vogel. Vögel sind auf der Erde, auf den Bäumen und in der Luft.« Das heißt: Timon wandelt zwischen den Welten. So, wie die Vögel überall zu Hause sind, vermittelt er zwischen Diesseits und Jenseits. Das ist für mich eine ganz wichtige Symbolik.

Beatrice: Rudolf Steiner hat ja empfohlen, man solle den Toten vorlesen. Zurzeit lese ich Timon jeden Abend eine Geschichte vor. Ob das so gemeint war, weiß ich nicht, aber es tut mir gut und verbindet mich mit meinem Sohn. Und ich male und schreibe viel. Über die Farben und Worte kann ich ausdrücken, was mich bewegt. Vielleicht wird eines Tages ein Buch daraus.

George: Timon hat uns tief im Herzen berührt. Das bleibt. Der Tod gehört zum Leben dazu. Er ist nichts, was man wegdrängen kann, weil man damit nichts zu tun haben will. Das wird nicht gelingen. Der Tod kann ebenso wie das Leben etwas zeigen, inspirieren und Kraft geben. Ich wusste nicht, dass das so ist, und ich hatte Angst davor. Erst durch Timon habe ich das erfahren dürfen. Und die Angst verschwand.

Beatrice: Timon ist seinen Weg gegangen. Wenn ich noch einmal vor der gleichen Situation stünde, würde ich wieder alles genauso machen. So schmerzlich diese Erfahrung war, so wenig möchte ich sie missen. Sie gehört zu uns und unserem Leben. Wir sind gereift und reicher geworden dadurch. Es ist nicht mehr furchtbar, was uns passiert ist. Es hat seinen Schrecken verloren, indem wir es durchlebt haben. Angst entsteht ja immer dadurch, dass man sich etwas vorstellt. Wenn man es selbst durchlebt, hat man keine Zeit, in Vorstellungen zu versinken – man muss einfach durch. Und wir hatten das Glück, dass wir Menschen gefunden haben, die uns bei diesem Prozess wie Engel begleitet haben.

George: Sie haben einen Raum erzeugt und einen Umgang ermöglicht, in dem wir diese Erfahrung machen konnten.

DEN TOD LEBEN

Als Bestatterin wollte ich nicht nur meine Kolleginnen und Kollegen kopieren. Ich wollte mein eigenes Profil, meinen eigenen Stil entwickeln, und so prägen heute verschiedene Rituale meine Bestattungen, die in dieser Art vermutlich nur ich anwende. Ich möchte den Umgang mit dem Tod wieder menschlicher machen – er ist so unmenschlich geworden in den vergangenen Jahrzehnten. Irgendwie und irgendwann haben wir die Verbindung dazu verloren und alles an Profis delegiert, dabei können die Angehörigen das meiste selbst machen, wenn sie dabei angeleitet und einfühlsam begleitet werden. Auf diese Weise entwickeln sie einen ganz eigenen Zugang zu ihren Verstorbenen und können ihre Trauer besser verarbeiten.

Ich habe mich deshalb bewusst beruflich nicht vergrößert, verfüge weder über ein eigenes Büro noch über ein Trauerhaus. Denn das verursacht alles Kosten, die man nur mit mehr Arbeit decken kann. Mir ist es wichtiger, mich persönlich um die Verstorbenen und die Hinterbliebenen zu kümmern und Zeit mit ihnen zu verbringen. Diesen Aufwand betreiben nur wenige Bestatter*innen – für mich wäre es anders gar nicht machbar.

Die Grundlage für mein Bestattungskonzept sind die vielen Erfahrungen, die ich auf den verschlungenen Wegen meines Lebens gemacht habe und die mich zu einem ganz besonderen Verhältnis dem Tod gegenüber geführt haben: Für mich ist er ein notwendiger Kreislauf, der unser Leben ausmacht und ihm seine Richtung gibt. Christian Morgenstern hat das wunderbar in ganz einfache Worte gefasst:

Oh wie herrlich, einst sein Kleid
nach der Arbeit abzulegen
und sich eine kleine Zeit
dann in Geisterluft zu regen,
um im neuen Kleide dann
neu zu stehen seinen Mann.

Genau so habe ich es von Kindesbeinen an empfunden und erlebt – nicht nur durch die Haltung meiner Mutter, sondern auch durch die mexikanischen Traditionen und später durch meine geistige Schulung am Priesterseminar.

So bin ich zum Beispiel zutiefst davon überzeugt, dass uns die Verstorbenen mehr umgeben, als uns bewusst ist – ich meine manchmal, sie regelrecht zu spüren. Und weil ich mich ihnen so nahe fühle, kann ich sie um Hilfe ersuchen, von ihnen Unterstützung erbitten oder mit ihnen in Dialog treten. Ich denke: Diese Zwiesprache nützt ihnen auf ihrem neuen Weg – und uns auf dem unsrigen.

Dieser Dialog ist mittlerweile ein völlig selbstverständlicher Bestandteil meines Lebens und meiner Arbeit geworden (siehe Seite 178). Unzählige Male habe ich die Verstorbenen schon um Hilfe gebeten, und unzählige Male haben sich die Dinge daraufhin auf sonderbare Weise zum Guten gewendet. Das kommt doch nicht von ungefähr! Es einfach nur als Zufall zu bezeichnen, erscheint mir jedenfalls zu simpel.

Mein Zugang zum Vorgang des Bestattens ist natürlich auch deshalb ein anderer, weil ich aus der Sterbebegleitung und der Seelsorge komme. Sterbebegleiter und Seelsorger kümmern sich schon dann um den Menschen, solange er noch lebt – eben in seiner letzten Lebensphase. Die Arbeit des Bestatters beginnt normalerweise erst mit dem Tod. Für mich gehört beides zusammen. Ich frage mich jedes Mal von Neuem: Wer ist dieser sterbende Mensch? Oder: Wer war dieser Verstorbene? Was braucht er jetzt auf seinem Weg? Was kann ich tun, wie kann ich ihm helfen, damit er den Übergang gut schafft? Und ebenso: Was brauchen die Angehörigen, damit jeder zu seinem Recht kommt, auf seine Weise zu trauern und den Verstorbenen auf seinem letzten Weg zu begleiten?

Am liebsten ist es mir, wenn ich noch zu Lebzeiten mit einem Menschen eine Bestattungsvorsorge machen kann (siehe Seite 62). Dabei reden wir nicht nur über die Formalitäten, sondern auch generell über Sterben und Tod und was uns dabei erwartet.

Besonders in Erinnerung geblieben ist mir hier das Gespräch mit Christine. Sie war Anfang vierzig und litt schon seit etwa fünfzehn Jahren an einer schweren Autoimmunerkrankung. Ihre Ärztin hatte sie ermutigt, mit mir Kontakt aufzunehmen, weil es absehbar war, dass ihr Körper nicht mehr lange mitmachen würde. Christine hatte das bisher ignoriert oder nicht wahrhaben wollen; Sterben passte einfach so gar nicht zu ihrem sonnigen Gemüt und ihrer Zuversicht. Aber jetzt musste sie der Wahrheit ins Gesicht sehen.

Als wir uns trafen, war sie schon ziemlich schwach. Trotzdem schmiedete sie große Pläne und träumte von einer Reise nach Hawaii. Dort gebe es heiße Quellen, von denen sie sich neue Kraft erhoffe, sagte sie. Solche Reisepläne waren mir nicht unbekannt. Es kommt oft vor, dass Menschen kurz vor ihrem Tod davon sprechen, dass sie jetzt ihre Koffer packen und auf Reisen gehen. Sie meinen das aber meist im übertragenen Sinne: Sie machen sich auf den Weg in eine andere Welt.

Deshalb fragte ich Christine: »Meinen Sie vielleicht das himmlische Hawaii? Dorthin schicke ich alle Verstorbenen, die ich begleitet habe. Sie gehen an einen Ort, wo es richtig schön ist.« Das war vielleicht etwas direkt, aber ich wollte Christine bewusst damit konfrontieren, weil sie den Tatsachen nicht ins Auge schauen wollte. Zuerst reagierte sie verblüfft, aber dann kamen wir doch zum Thema Bestattung ins Gespräch. Sie merkte, wie viele bürokratische und persönliche Entscheidungen da getroffen werden müssen, und hat sich den damit verbundenen Fragen sehr offen gestellt. Später verarbeitete sie unsere Begegnung in einer kleinen Geschichte.

In unserem Gespräch habe ich sie auch ermutigt, mit ihrer 25-jährigen Tochter über die Krankheit und das bevorstehende Ende zu sprechen; bis zu diesem Zeitpunkt hatte die junge Frau gar nicht gewusst, wie schwer krank die Mutter war. Das Gespräch brachte große Erleichterung, weil darin Platz für alle damit zusammenhängenden Fragen war, die schon viele Jahre lang unter der Oberfläche geschlummert hatten.

Christine füllte dann tatsächlich eine Bestattungsverfügung aus (siehe Seite 62). Das hat ihren Angehörigen später sehr geholfen, weil alles schon gut geregelt war.

Solche Vorgespräche sind mir wichtig und ich bemühe mich, den verschiedenen Anforderungen der Sterbenden und ihrer Angehörigen bestmöglich gerecht zu werden.

Da liegt ja heute vieles im Argen. Ein Mitarbeiter des Fuhrunternehmens, mit dem ich zusammenarbeite, hat das einmal klar ausgedrückt: »Man geht heute nicht mehr menschlich mit den Verstorbenen um.« Das stimmt. Was das konkret bedeutet, musste ich in einem städtischen Krematorium erleben. Ein etwa 40-jähriger Mann war am plötzlichen Herztod verstorben und lag bereits im Krematorium, wo seine Mutter sich noch von ihm verabschieden wollte. Der Sarg stand im Abschiedsraum auf einem Podest, das rundherum in einem Meter Entfernung von einer gut halbmeterhohen Mauer umgeben war. Offenbar sollte man den Verstorbenen hier nicht zu nahe kommen – warum auch immer. Natürlich wollte diese Mutter aber noch einmal zu ihrem Sohn. Sie sagte: »Ich muss ihn einfach anfassen, damit ich verstehen kann, dass er tot ist.« Das konnte ich gut nachvollziehen und ermunterte sie, die

Mauer zu ignorieren und an den Sarg heranzutreten. Das tat sie, und ich ließ sie mit ihrem Sohn allein, damit sie in Ruhe Abschied nehmen konnte.

Draußen stellte mich der Mitarbeiter des Krematoriums zur Rede: Wie ich es wagen könnte, die Frau an den Sarg heranzulassen, das verstoße gegen die Paragrafen X, Y und Z! Ich erwiderte ihm nur: »Wissen Sie was? Was Sie mir da gerade sagen, verstößt gegen die Menschlichkeit. Da drinnen liegt der Sohn dieser Frau, und sie möchte ihn anfassen und verstehen, dass er tot ist. Sie hat das Recht, ihm nahe zu sein. Hier geht es nicht um irgendwelche Paragrafen, sondern um einen Menschen, der gestorben ist, und um eine Mutter, die trauert!« Daraufhin schwieg er betroffen.

Diese Geschichte zeigt, wie weit heute beim Sterben Wunsch und Wirklichkeit auseinanderklaffen. Eine Studie aus dem Jahr 2015 besagt: Drei Viertel der Bundesbürger würden am liebsten zu Hause sterben, aber nur jedem fünften ist das vergönnt. Jeder zweite stirbt in einer Klinik, jeder dritte in einem Pflegeheim. Jeder zehnte würde seine letzten Tage gerne in einem Hospiz verbringen, es sind aber nur 3 Prozent.

Ganz egal, wo jemand stirbt – jeder Angehörige hat grundsätzlich das Recht, den Verstorbenen nach Hause zu holen, um ihn dort aufzubahren! Früher war das völlig normal. Heute geschieht es leider immer noch viel zu selten, obwohl die Möglichkeit dafür besteht. Viele Menschen haben Angst, direkt mit dem Tod im eigenen Haus konfrontiert zu sein. Und doch ist es eigentlich das Natürlichste von der Welt, einem Verstorbenen auf diese Weise noch einen letzten Liebesdienst zu erweisen. Denn es ist ja nicht so, dass der Mensch mit dem letzten Atemzug einfach verschwunden ist.

Wer schon einmal eine Aufbahrung miterlebt hat, weiß: Es dauert zwei bis drei Tage, bis sich Seele und Geist komplett vom Körper gelöst haben. In dieser Zeit umgibt jeden Verstorbenen eine Art feinstoffliche Aura. Sie ist deutlich wahrnehmbar, unter anderem in den Gesichtszügen der Toten. Viele sehen entspannt und glücklich aus, denn sie haben ihre Leiden hinter sich gelassen und machen sich jetzt auf den Weg in eine andere, bessere Welt. Erst nach drei Tagen erkennt man deutlich, dass der Mensch, den wir gekannt haben, aus diesem Leib wirklich verschwunden ist. Zurück bleibt eine leere Hülle, die man besten Gewissens dem Feuer oder der Erde anvertrauen kann.

Wie in vielen Krankenhäusern und Pflegeheimen mit einem Verstorbenen umgegangen wird, ist skandalös: Man richtet ihn gerade mal so her, dass das Allernötigste erledigt ist, und schiebt ihn sofort ins Kühlfach der Pathologie, bis ihn der Bestatter abholt. Dieser wäscht ihn und zieht ihn an – am besten mit einem für teures Geld zu erstehenden »Totenhemd«. Oft werden die Augenlider zugeklebt und der Mund von innen zugenäht. Schließlich haben Augen und Mund von Toten unseren ästhetischen Vorstellungen entsprechend sanft geschlossen zu sein! Wer seinen verstorbenen Angehörigen noch einmal sehen will, findet den offenen Sarg meist in einem kalten, deprimierend schmucklosen Besuchsraum ausgestellt. Und dann sieht man den bereits verschlossenen Sarg erst bei der Trauerfeier in der Friedhofskapelle wieder. Kein Wunder, dass es viele Menschen vor diesem Prozedere gruselt.

Mein Bestattungskonzept ist deshalb darauf ausgerichtet, dass sich Trauer durch aktives Tun in Zuversicht verwandeln kann – für jeden der Hinterbliebenen auf seine Weise. Deshalb begleite ich die Angehörigen engmaschig, gerade in den ersten Tagen nach dem Tod. Bei der Trauerfeier, die ich als »Lebens- und Abschiedsfeier« bezeichne, ehren wir das Leben, das der Verstorbene geführt hat, und schicken ihm Dankbarkeit und Liebe, die ihn auf seinem Weg unterstützen sollen. Und natürlich stehe ich auch danach noch als Ansprechpartnerin und Stütze zur Verfügung.

Diesem Ziel eines menschlicheren Umgangs mit dem Tod dienen die sieben Etappen, in die ich meine Bestattungen gliedere:

1. Versorgen, Waschen, Ankleiden
2. Aufbahren
3. Den Sarg bemalen und schmücken
4. Den Toten in den Sarg betten und aussegnen
5. Eine Lebens- und Abschiedsfeier gestalten mit anschließender Bestattung des Sargs oder Einäscherung bzw. Urnenbeisetzung
6. Nachbesprechung nach vierzig Tagen
7. Mit dem Verstorbenen leben

Versorgen, Waschen, Ankleiden

Wenn ein Mensch nach einer Vorerkrankung zu Hause verstorben ist, muss als Erstes ein Arzt gerufen werden, der den Tod feststellt und bescheinigt. Dies sollte möglichst der Hausarzt oder ein Arzt des ärztlichen Bereitschaftsdienstes erledigen. Ist der Tod nachts eingetreten, kann man dafür den nächsten Morgen abwarten.

Ruft man den Notarzt über den Feuerwehrnotruf 112, muss dieser auf dem Totenschein zumeist »unbekannte Todesursache« ankreuzen – er kennt ja die Krankengeschichte des Verstorbenen nicht. In diesem Fall wird der Leichnam von der Kriminalpolizei beschlagnahmt und nur die Staatsanwaltschaft kann ihn zur Bestattung freigeben. Mit der Aufbahrung wird es dann schwierig, weil der Tote erst einmal für eine mögliche Obduktion abtransportiert wird.

Nur wenn eine Krankenakte (oder ggf. eine Kopie davon)

vorliegt, die die Vorerkrankung dokumentiert, kann eventuell verhindert werden, dass der Körper beschlagnahmt wird. Auch ein Brief des Hausarztes ist hilfreich, der den Krankheitsverlauf schildert und erkennbar macht, dass der Patient im Sterben lag. Wenn der Tod absehbar ist, sollte der Hausarzt einen solchen Brief in der Krankenakte hinterlegen.

Stirbt jemand plötzlich und ohne Vorerkrankung, muss allerdings der Notarzt gerufen werden, sonst macht man sich strafbar. Findet der Notarzt keine eindeutigen Anzeichen für die Ursache, z. B. einen plötzlichen Herztod, wird der Verstorbene beschlagnahmt, um äußere Einwirkungen mittels Obduktion auszuschließen.

Nach dem Arzt sollte unverzüglich auch der Bestatter informiert werden. Wer angerufen werden soll, ist bestenfalls schon bekannt, weil eine Vorsorge- oder Bestattungsverfügung vorliegt (siehe Seite 62). Ist das nicht der Fall, finden sich im Internet entsprechende Adressen.

Der vorab ausgewählte Bestatter ist auch dann sofort anzurufen, wenn ein Angehöriger im Krankenhaus oder Pflegeheim verstorben ist. Große Kliniken lassen den Verstorbenen sonst von einem Vertragsbestatter in die Kühlräume auf dem Krankenhausgelände transportieren. ACHTUNG: Niemand ist gezwungen, die gesamte Beisetzung mit diesem Bestatter vorzunehmen, hier haben die Angehörigen freie Wahl – auch wenn manchmal ein gegensätzlicher Eindruck entsteht!

Krankenhäuser und Pflegeheime verfügen mit Ausnahme anthroposophischer Einrichtungen in der Regel nicht über einen Aufbahrungsraum. Normalerweise haben Angehörige dort nur zwei bis drei Stunden Zeit (in Pflegeheimen manchmal auch länger), um sich zu verabschieden. Anschließend wird das Zimmer geräumt und der Leichnam in die Pathologie gebracht bzw. vom Bestatter abgeholt.

Möchte man einen Verstorbenen im Krankenhaus noch

einmal sehen, muss man dafür mit der Pathologie einen Besuchstermin vereinbaren; dafür gibt es meist ein kleines Zeitfenster von zwei Stunden an Werktagen. Der Tote wird zu diesem Zweck aus dem Kühlfach in einen meist recht schmucklos gehaltenen Abschiedsraum gebracht.

Aus der Pathologie darf er nur zu bestimmten Zeiten (und am Wochenende gar nicht) abgeholt werden. Je schneller der Bestatter also von dem Todesfall weiß, desto früher kann er reagieren und eine Aufbahrung veranlassen. Ist sie zu Hause nicht möglich, gibt es vielleicht einen infrage kommenden Raum in der Kirchengemeinde oder auf dem Friedhof – oder der Bestatter hat selbst einen Aufbahrungsraum.

Traditionelle Bestatter holen den Verstorbenen sofort ab und besprechen anschließend mit den Angehörigen in ihrem Büro das weitere Vorgehen. Da wird meist einfach eine Liste abgehakt – welcher Sarg, welches Totenhemd, Erd- oder Feuerbestattung, Datum und Ort für die Trauerfeier –, und zum Schluss geht die Familie mit den fertig gedruckten Trauerkarten nach Hause.

Ich entschleunige den ganzen Prozess. Man muss ja erst einmal seelisch verdauen, was da passiert ist. Die meisten Angehörigen stehen regelrecht unter Schock und verlieren das Gefühl für Zeit und Raum. Deshalb ist es wichtig, dass sie wieder genug Bodenhaftung bekommen.

In dieser Situation holen viele Bestattungsunternehmen den schlechten Rat hervor, »den Verstorbenen doch lieber so in Erinnerung zu behalten, wie er zu Lebzeiten war«. Es ist sogar schon vorgekommen, dass Angehörigen verboten wurde, den Toten noch einmal zu sehen! Das ist allerdings unzulässig – der Zutritt darf keinesfalls verwehrt werden.

Ich beziehe die Angehörigen ganz bewusst von Anfang an mit ein. Der nahe Kontakt zum Verstorbenen und die Gespräche, die wir bei allen Verrichtungen – Waschen, Einölen und

Anziehen, Planen der Bestattung – führen, sind sehr tröstlich für sie. Sie erfahren und spüren hautnah, dass es dem Toten jetzt gut geht, dass er gesund und voller neuer Kraft ist. Vermutlich versteht er gar nicht, warum die Familie so traurig ist, denn er hat seinen kranken Körper zurückgelassen und damit auch alles Leid und allen Schmerz: Er ist erlöst.

Wenn man diesen Blick mit einbezieht und nicht nur auf die Trauer der Hinterbliebenen fokussiert, kann sich Schwere in eine gewisse Leichtigkeit wandeln. Indem wir mit dem Verstorbenen tätig werden, können sich Anspannung, Scheu und Verkrampfung lösen. Oft wird sogar gelacht.

Das Waschen

Wenn ich zu einem Verstorbenen gerufen werde, möchte ich ihn als Erstes sehen – noch bevor ich mit den Angehörigen spreche, die aber natürlich bei dieser ersten Begegnung dabei sein können und sollen. Ich spreche den Toten mit seinem Namen an, stelle mich als seine Bestatterin vor und sage ihm, dass er jetzt gestorben ist. Man sagt ja, dass der Hörsinn als letztes verloren geht, und möglicherweise verstehen die Menschen uns noch eine ganze Zeit, auch wenn ihr Herz schon stillsteht.

Ich erkläre also, dass wir uns jetzt um seinen Körper kümmern werden, dass er vielleicht in seinem Sterbezimmer oder in einem anderen Raum aufgebahrt wird, und dass ich jetzt rausgehe, um mit seinen Hinterbliebenen zu sprechen.

Die traditionelle Vorstellung ist ja, dass ich den Verstorbenen im Anschluss mitnehme – was ich aber nur sehr selten tue. Stattdessen nehme ich mir viel Zeit, die Vorteile einer Aufbahrung zu erklären. Sie war ja nicht ohne Grund über Jahrhunderte hinweg üblich – das hatte schon seinen Sinn. Ich vermittele den Angehörigen auch, dass es für alle das Beste ist, wenn wir den Verstorbenen jetzt selbst waschen und zurechtmachen. Anfangs reagieren viele etwas konsterniert, aber das gibt sich rasch. Ich lasse sie damit ja nicht allein, ich bin immer dabei und es steht ihnen frei, sich so zu beteiligen, wie es für sie richtig und stimmig ist. Ich erkläre jeden Handgriff und versuche, ihre eigenen Ideen mit einzubeziehen. Wenn die Seele so vorbereitet ist, kann sie gut mitgehen.

Erlauben die häuslichen Verhältnisse keine Aufbahrung, lasse ich den Leichnam in einen Abschiedsraum bei dem Fuhrunternehmen bringen, mit dem ich zusammenarbeite. Auch dort können wir ihn zusammen waschen, herrichten und in den Sarg betten.

Alles, was ich tue, erkläre ich so, als könne auch der Verstorbene mich noch hören, und spreche ihn dabei mit seinem Namen an. Liegen noch Zugänge für Infusionen oder Sonden, werden diese vorsichtig und sachgerecht entfernt – entweder von einem anwesenden Arzt oder von mir selbst. Das Gleiche gilt für Blasenkatheter, künstliche Darmausgänge oder Ernährungssonden, bei denen die Entfernung allerdings etwas schwieriger ist.

Dunkelrot-blaue Flecken am Rücken, die Leichenflecken, sind ein untrügliches Zeichen dafür, dass der Tod eingetreten ist. Ich erkläre den Angehörigen, dass das nichts Schlimmes ist, sondern schlicht eine Folge der Schwerkraft. Denn sobald das Herz nicht mehr schlägt, beginnen die Abbauprozesse, und das Blut sinkt nach unten. Es kommt auch vor, dass Hände und Füße blau angelaufen sind, weil sich das Blut dort schon zurückgezogen hat. Das ist alles Teil des Loslösungsprozesses.

Das anschließende Waschen ist sinnvoll und notwendig – manchmal ist der Körper noch ganz verschwitzt, weil er im Sterbeprozess gefiebert hat. Sehr oft lassen auch Blase und Darm im Tod los.

Gemeinsam legen wir eine Schüssel mit warmem Wasser, Waschlappen und Handtücher sowie frische Bettwäsche zurecht. Ins Wasser gebe ich gerne ein Rosencremebad, das den Raum mit einem schönen, angenehmen Duft erfüllt und der Seele hilft, sich zu lösen. Das Oberteil, das der Verstorbene anhat, schneide ich meistens einfach durch, damit man ihn nicht noch einmal bewegen muss. Tote Körper sind sehr schwer; sie zu bewegen ist Knochenarbeit.

Über den Mund legen wir ein kleines Handtuch, weil beim Hin- und Herbewegen noch etwas Flüssigkeit herauslaufen kann. Ein weiteres Handtuch bedeckt den Intimbereich. Gewaschen wird von oben nach unten, liebevoll und ganz ohne Hektik, am Gesicht beginnend.

Fast immer beobachten die Angehörigen das Geschehen zunächst mit etwas Abstand. Viele haben nur deshalb Angst vor dem Waschen, weil sie sich etwas ganz anderes darunter vorstellen. Kaum jemand fasst gleich mit an, typisch ist der Satz: »Ich weiß nicht, ob ich das kann.« Das ist überhaupt kein Problem. Ich gebe ihnen einfach einen Waschlappen und stelle ihnen frei, ob und wann sie sich dazugesellen wollen. Meist dauert es nicht lange, weil sie merken: Hier passiert das Natürlichste von der Welt, es ist nicht schlimm, einen Verstorbenen anzufassen. Warum auch nicht? Sie haben ein Leben lang diesen Menschen in den Arm genommen und liebevoll berührt. Soll das plötzlich nicht mehr so sein, nur weil er jetzt tot ist?

Das Waschen ist etwas Schönes, weil wir über den Verstorbenen ins Gespräch kommen. Es ist nicht alles »todernst«. Und dem Toten sieht man an, dass er es genießt, noch einmal so fein gemacht zu werden.

Wenn die Angehörigen sich am Waschen beteiligen, bin ich nur noch Handlangerin. Ist die Leichenstarre schon eingetreten, bewege ich die Gliedmaßen und Hände sanft und langsam, dann werden sie wieder weicher. Sobald der Körper auf der Vorderseite fertig gewaschen ist, drehen wir ihn zur Seite, damit wir den Rücken waschen und einölen und auch gleich die

Bettwäsche wechseln können. Dabei schieben wir das alte Laken bis unter den Rücken, sodass sich ein kleiner Wulst bildet. Bis dorthin legen wir gleich das neue Laken auf. Dann drehen wir den Körper über den Wulst, sodass wir das gebrauchte Laken entfernen und das neue vollends ausbreiten können.

Danach drehen wir den Körper zurück auf den Rücken, waschen den Intimbereich des Verstorbenen und ziehen ihm ein frisches Windelhöschen an, falls noch etwas aus Darm oder Blase nachläuft. Meist ist es nicht mehr viel, aber das weiß man nie im Voraus.

Anschließend ölen wir noch die Körpervorderseite sowie Arme, Beine und Gesicht sorgfältig ein. Das ist für mich fast schon ein heiliger Akt – im wahrsten Sinne des Wortes wie eine Letzte Ölung.

In dieser Zeit zeigt sich oft, dass der Mensch zwei ganz verschiedene Gesichtshälften hat – die rechte ist meist ernst, die linke heiter. Das kann man bei Verstorbenen gut erkennen.

Das Ankleiden

Sind wir mit dem Waschen und Einölen fertig, bitte ich die Angehörigen, Unterwäsche und Kleider auszusuchen, die wir dem Toten anziehen können. Es soll etwas Schönes und Feierliches sein oder einfach etwas, das er gerne getragen hat. Mittlerweile müssen es auch nicht mehr Naturfasern sein; nur Leder ist schwierig, weil es schlecht brennt und sehr langsam verwittert.

Immer wieder kommt es vor, dass Krematorien auf einem Leichenhemd bestehen, vor allem, wenn zu wenig Personal da ist, um den Toten für die zweite Leichenschau aus- und danach wieder anzuziehen. Bei dieser muss der Amtsarzt vor dem Kremieren zum zweiten Mal den Tod bescheinigen – als Sicherheitsmaßnahme, um ein Fremdeinwirken auszuschließen: Der

Arzt, der den Totenschein ausgestellt hat, könnte ja mit der Familie unter einer Decke gesteckt haben. Nur wenn dabei der Verdacht aufkommt, dass doch nicht alles mit rechten Dingen zugegangen ist, wird die Staatsanwaltschaft eingeschaltet, die über eine eventuelle Obduktion entscheidet.

In dem privaten Krematorium, mit dem ich zusammenarbeite, ist das Aus- und Anziehen kein Problem, dort gibt es genügend Mitarbeiter. Sie machen vorher ein Foto und danach sieht der Verstorbene wieder ganz genauso aus.

Falls das Krematorium dieses Vorgehen ablehnt, schneiden wir für die zweite Leichenschau die Kleidung an der Seite einfach selbst auf und richten hinterher alles wieder ordentlich her.

Nachdem der Verstorbene fertig angezogen ist, werden noch die Haare gekämmt, und dann ist es für den ersten Tag genug. Die Familie ist ja noch in einem Schockzustand. Am nächsten Morgen komme ich wieder. Wir machen einen Schritt nach dem anderen.

Alter Brauch neu entdeckt: das Aufbahren

Verstorbene dürfen heute bis zu 36 Stunden lang zu Hause oder in einem dafür geeigneten Raum aufgebahrt werden. Eine Verlängerung über diese Zeit hinaus kann gegebenenfalls beim Gesundheitsamt beantragt werden.

Der Kontakt mit einem Toten ist normalerweise völlig unbedenklich. Falls eine meldepflichtige ansteckende Krankheit vorgelegen hat, gelten die üblichen Hygienebestimmungen. Entgegen landläufiger Meinung gibt es auch kein »Leichengift«, das der Tote absondert und das eine Aufbahrung verhindern würde.

Diese alte Tradition des Aufbahrens erfreut sich inzwischen

wieder steigender Beliebtheit – die Menschen erkennen mehr und mehr, dass sie damit von ihren Verstorbenen viel würdiger Abschied nehmen und ihre Trauer besser verarbeiten können. Schließlich ist es ein natürliches Bedürfnis, einen innig geliebten Menschen nach seinem Tod nicht sofort hergeben zu müssen. Diese Tage des Abschiednehmens sind wichtig und tragen sehr dazu bei, sich auf ein Leben ohne diesen Menschen einstellen zu können.

Tatsächlich ist es hilfreich zu erleben, wie sich das Antlitz eines Toten verändert. Anfangs kann es oft noch etwas mitgenommen sein vom Todeskampf, von Schmerzen oder anderen Erlebnissen im Sterbeprozess. Nach einigen Stunden jedoch lösen sich die Züge meist in ein entspanntes Aussehen. Oft erscheinen Verstorbene dann viel jünger und in jeder Hinsicht erlöst, bis sich die Seele vollkommen entfernt hat und eine erkennbar leere Hülle zurückbleibt.

Wer diesen Prozess nicht miterlebt, sondern den Toten erst bei der Bestattung im offenen Sarg wiedersieht, erlebt ihn dann als ziemlich fremd – und entsprechend groß ist der Schock. Eine Aufbahrung kann diese Entfremdung verhindern, auch wenn der Gedanke daran einem zunächst widerstreben mag.

Für die häusliche Aufbahrung wird der Körper schön gebettet und am Kopfende um 30 bis 40 Grad erhöht gelagert. Kann das Kopfende am Bett nicht hochgestellt werden, schiebt man zwei oder drei Kissen bis unter die Schulter. Bei einem Pflegebett nehmen wir den Haltegriff ab, der über dem Kopfteil hängt, und verhüllen die seitlichen Bretter und Gestänge mit Tüchern. Wir räumen alles Überflüssige aus dem Zimmer, vor allem Medikamente und Pflegeutensilien, die noch herumstehen. Das Zimmer soll richtig feierlich aussehen – aufgeräumt und ordentlich, damit man sich gerne darin aufhält. Es sollte auch einige Sitzgelegenheiten geben, damit man es während der Totenwache gemütlich hat und miteinander sprechen kann.

Ich habe immer Rosenblütenblätter dabei, die eine Blumenhändlerin für mich zurücklegt, die streue ich um den Kopf des Verstorbenen herum und auf die Bettdecke. Dazu dekorieren wir alles mit Blumen und Kerzen.

Gegen Schatten auf dem Gesicht des Toten stelle ich am Kopfende gern auf zwei Tischchen Kerzenleuchter oder elektrische Salzlampen auf, die ich immer dabeihabe. Salzlampen machen ein angenehmes Licht und können über Nacht stehen bleiben, wenn niemand Totenwache hält und deshalb keine Kerzen brennen sollen.

So gebettet und zurechtgemacht ruht der Verstorbene wie ein König oder eine Königin! Es breitet sich sofort eine warme Stimmung aus, in der kaum noch jemand Berührungsängste hat. So können Freunde und Verwandte kommen, um sich zu verabschieden.

Wie lange die Aufbahrung dauern soll, entscheiden wir zusammen von Tag zu Tag neu. Ist sie zu Hause nicht möglich oder nicht gewünscht, kann dafür auch ein geeigneter Raum in der Kirchengemeinde oder in einer Leichenhalle auf dem Friedhof genutzt werden. Teilweise bieten Bestatter eine Aufbahrung in ihren eigenen Räumen an. Dabei wird der Verstorbene aber zwischendurch immer wieder in die Kühlung geschoben und nur zu den Besuchszeiten herausgeholt. Dieses Prozedere entspricht allerdings nicht dem, was ich unter einer natürlichen Aufbahrung verstehe. Eine Kühlung ist innerhalb der Zweitagefrist je nach Jahreszeit nicht unbedingt erforderlich. Man kann den Körper, vor allem am Rumpf, wo die Organe liegen, auch gut mit Kühlpads temperieren.

»Es war eine ganz wunderbare Erfahrung«

Wie ungewohnt, aber auch wie schön und erfüllend eine Aufbahrung sein kann, zeigt der Erfahrungsbericht der Eltern von Christine, die im Januar 2017 starb. Sie wohnen in Süddeutschland, die Tochter lebte schon seit vielen Jahren in Berlin.

Vater: Christine ist am 24. Januar 2017 gestorben, mit 46 Jahren. Ich war bei ihr in Berlin, weil sie sehr schwach war und Hilfe brauchte. Trotzdem war sie bis zum Schluss fröhlich und guten Mutes. Am Tag vor ihrem Tod hatten wir noch einen Besichtigungstermin in einer Wohngemeinschaft für Menschen mit Behinderung und bekamen die Zusage, dass sie in Kürze dort einziehen könnte. Am gleichen Abend wollte sie mich unbedingt zu einem Theaterstück begleiten, in dem ihre Freundin die Hauptrolle spielte. Leider ging es ihr dafür dann doch nicht gut genug, deshalb versprach ich ihr, entweder in der Pause oder gleich nach der Vorstellung nach Hause zu kommen und ihr davon zu erzählen. Auf der Rückfahrt habe ich mich dann aber im Berliner Verkehr verirrt, sodass ich erst gegen Mitternacht ankam. Da saß sie putzmunter im Bett und sagte: »Jetzt wird es aber Zeit, dass du kommst!« Wir redeten noch eine Weile über das Stück und sie verabschiedete sich mit den Worten: »Dann bis morgen früh zur Kaffeestunde!«

Am frühen Morgen wachte ich auf und stellte fest, dass in der Wohnung noch alle Lichter brannten – Christine hatte sie offenbar nicht ausgeschaltet, als sie zu Bett ging. Da war mir sofort klar: Jetzt ist es passiert. Ich fand Christine im Bad auf dem Boden liegend. Ich rief sofort den Notarzt, der war zehn Minuten später da und hat den Tod festgestellt, aber keinen Totenschein ausgestellt. Damit sollten wir bis zur ärztlichen Untersuchung warten und Christine einstweilen so liegen lassen.

Inzwischen hatte ich aber Gudrun alarmiert, eine von Christines besten Freundinnen. Sie ist Krankenschwester, eine ruhige, resolute, klar denkende Frau. Sie kam sofort. Darüber war ich sehr froh, denn ich fühlte mich ziemlich hilflos und war in einem Schockzustand. Gudrun sagte nur: »Auf keinen Fall bleibt Christine hier so am Boden liegen!« Gemeinsam haben wir sie ins Schlafzimmer getragen, Gudrun hat sie gewaschen und hergerichtet. So lag sie dann in ihrem Bett. Zwei Stunden später war der Hausarzt da und stellte den Totenschein aus. Inzwischen hatten wir auch Angela informiert – Christine hatte noch selbst verfügt, dass sie von ihr bestattet werden wollte.

Mutter: Ich war noch zu Hause in Süddeutschland geblieben und habe mich sofort in den Zug gesetzt. Für mich war der Tod meiner Tochter ein großer Schock und ein bis heute anhaltender Schmerz. Ich wusste, ich fahre jetzt nach Berlin, wo ich sie hundertmal besucht und zu Ärzten begleitet hatte. Zigmal war ich bei ihr zu Hause, habe ihr die Wäsche gemacht, bin mit ihr spazieren gegangen und habe mit ihr gesprochen. Und jetzt komme ich dorthin und sie ist nicht mehr da.

Dass sie noch zu Hause lag, war mir völlig fremd. Ich bin traditionell evangelisch-pietistisch erzogen, da ruft man in so einem Fall das Beerdigungsinstitut, damit der Verstorbene abgeholt wird. Was dann weiter passiert, wissen wir nicht, wir hatten nie etwas damit zu tun. Vor einem Toten schreckt man eher zurück, man scheut die Begegnung, denn der Tod gilt ja als etwas ganz Schlimmes. Man kleidet sich in Schwarz, man trauert, der Pfarrer drückt dem Toten die Augen zu, faltet ihm die Hände, spricht ein Gebet und segnet ihn. Und wenn man den Verstorbenen bei der Bestattung noch mal im Sarg sieht, flüstert man, einige weinen, und die Trauergäste sprechen ihr Beileid aus. So kannte ich es.

Und dann kam ich in Christines Wohnung, in der ein munteres, buntes Treiben herrschte! Freunde und Kinder waren da, es wimmelte von Menschen. Zuerst traute ich mich nicht, ihr Zimmer zu betreten. Ich wollte da nicht rein, ich konnte nicht glauben, dass sie tot ist, alles in mir hat sich dagegen gewehrt. Mein Mann hat mich trotzdem an die Hand genommen und zu ihr geführt. Da lag sie und lächelte, inmitten von Rosenblättern, Blumen und Kerzen. Einer fing an zu singen, es gab Tee, die Kinder haben noch mehr Rosenblätter gestreut … es war eine Fröhlichkeit im Raum, die ich schier nicht fassen konnte. So etwas hatte ich noch nie erlebt. Ich dachte: Das ist ja wie im Paradies!

Einerseits fand ich es schön, andererseits dachte ich: Aber sie ist doch tot! Sie ist nicht mehr da! Ich war total zwiegespalten und konnte alles gar nicht richtig fassen. Und dann habe ich es doch angenommen – unter Weinen und Lachen. Die Freunde haben über Christine gesprochen, aus ihrem Leben erzählt, es gab wunderbare Geschichten von ihr. Es wurde gesungen und gelacht und geweint, und die Kinder durften laut sein. Das war für mich völlig ungewohnt, aber sehr schön.

Als es Abend wurde, stand die Frage im Raum: Wo schlafen wir? Bisher sind wir immer ins Hotel gegangen, wenn wir sie besuchten, weil ihre Wohnung relativ klein ist. An diesem Tag war das anders, ich wollte bei meiner Christine bleiben! Bis morgens um vier konnte ich neben ihr ganz gut schlafen, dann wachte ich auf – und sofort waren der Schmerz und der Kummer wieder da. Es ging immer auf und ab, mal konnte ich es annehmen, mal nicht.

Vater: Ich habe so eine Welle der liebevollen Trauer noch nie erlebt. Das hat mich letzten Endes sogar ein bisschen mit dem Tod von Christine versöhnt. Das war eine andere Welt als unsere sakrale und medizinische Umgebung, wo ein Mensch sofort abgeschoben wird, wenn er tot ist. Da wird die Beerdigung angesetzt, um 10 Uhr trifft man sich, dann wird der Sarg versenkt, erledigt. Das war's mit der Trauer.

Christines Freunde trugen uns auf einer Woge der Zuneigung und der gemeinsamen Trauer. Wir fielen nicht in ein Loch, sondern waren geborgen in einer immensen Wärme. Das hat mich dazu befähigt, selbst tätig zu werden. Ich habe jemanden zum Einkaufen geschickt und erst mal eine kräftige Suppe gekocht. Wenn so viele Leute kommen, müssen die ja etwas essen!

Am zweiten Tag hat Angela dann den Sarg anliefern lassen, damit wir ihn bemalen konnten. Das war erst mal ungewohnt – einen leeren Sarg hochtragen, neben die Tote stellen und anmalen? Für uns eine seltsame Vorstellung. Ein Sarg ist doch ein Sarg – dass man ihn bemalen kann, wussten wir gar nicht.

Mutter: Für mich war es völlig undenkbar, einen Sarg anzumalen. Unmöglich! Aber Christine hatte das so gewollt, ihre Tochter fand das gut und alle anderen auch. Die Kinder waren sowieso begeistert und besorgten sofort Stifte in allen Farben. Ich habe mich zuerst nicht beteiligt, weil mir das so fremd war. Ganz zum Schluss drückte mir Gudrun aber einfach eine rote Kreide in die Hand, und so habe ich mich überwunden und ein rotes Herz auf das Holz gemalt.

Vater: Diese Abwehr gegen das Ungewohnte habe ich durch die Wärme, die uns in diesen drei Tagen umgeben hat, völlig verloren. Am dritten Tag legten wir Christine gemeinsam in den fertig bemalten Sarg. Ihre Freundin zelebrierte ein schamanisches Ritual, wir sprachen einen Psalm – das passte alles zusammen. Und dann trugen wir sie singend durch das Haus die Treppe hinunter bis zum Leichenwagen. Als er davonfuhr, winkten wir ihr, noch immer singend, nach. Das war alles so tröstlich. Es war wirklich schön, dass wir Christine diese Tage noch bei uns behalten konnten.

Wie kalt und unpersönlich so eine Aufbahrung auch sein kann, mussten wir kurz darauf erfahren, als eine Freundin von uns starb. Sie war im Krankenhaus aufgebahrt. Das war schon in Ordnung, aber der Unterschied zu diesem fröhlichen, warmen Abschied in Berlin war doch drastisch. Der Aufbahrungsraum lag im Keller, er war kalt und dunkel, es gab keine Fenster, durch die Tageslicht einfiel, die Angehörigen flüsterten nur. Eine schreckliche Stimmung.

Mutter: Wir hatten dort noch eine Viertelstunde Zeit, bevor der Bestatter unsere Freundin abholte, alle saßen da und schwiegen. Ich dachte, ich platze gleich. Deshalb fasste ich mir ein Herz und sagte: »Wir kommen gerade aus Berlin, unsere Tochter ist gestorben. Dort haben wir laut miteinander gesprochen, Blumen gestreut und gesungen. Wollen wir nicht wenigstens etwas singen? Das würde unserer Freundin sehr gefallen.« Ich bin ja selbst im Kirchenchor und das Singen gewohnt. So fing ich dann an und tatsächlich stimmten die anderen ein: »Mögen sich die Wege vor deinen Füßen ebnen, mögest du den Wind im Rücken haben; bis wir uns wiedersehen, möge Gott seine schützende Hand über dich halten …« Mir liefen die Tränen nur so runter, und ich dachte, mein Gott, jetzt habe ich einen Bann gebrochen. Das habe ich bei Christines Aufbahrung gelernt – dass man so etwas machen kann und muss. Man muss diese Totenstille durchbrechen und etwas Liebes, Warmes an die Stelle setzen.

Viel später, als ich wieder zu den Proben meines Kirchenchors ging, nahm mich unsere Kantorin zum Schluss beiseite – sie hatte ja mitbekommen, dass unsere Tochter gestorben war – und sagte: »Das war doch sicher schrecklich für euch, so weit weg in Berlin …?« Da habe ich erzählt, wie ich es erlebt und empfunden habe, dass diese Art für mich völlig neu und ungewohnt war, aber dass es letztlich doch halb so schlimm war. Die Kantorin hörte mir atemlos zu und sagte: »Wenn ich das so höre und vergleiche – dann ist es ja richtig barbarisch, wie wir hier die Toten behandeln! Sie kommen weg, ab in den Sarg, und dann bestellt man beim Gärtner ein Riesengebinde für Hunderte von Euro.« Damit hat sie recht.

Für Christines Sargschmuck haben wir Efeu im Garten geschnitten und jeder sollte eine Blume mitbringen, damit haben wir selbst den Sarg geschmückt. Das fiel mir am Anfang sehr schwer, da wollte ich nicht ran. Aber ich dachte, wenn die anderen das können, dann kann ich es auch. Und so habe ich dann die Blumen drapiert und ihr einen Brief mit ins Grab gegeben.

Vater: Auch die Lebensfeier im Krematorium war schön und stimmig. Es war sehr persönlich, wir hatten einen guten Ablauf mit viel Zeit dazwischen. Ich finde es wichtig, dass man bei so einer Feier keine Eile hat, dass nicht schon der Nächste draußen wartet. Bei normalen Beerdigungen hat ja kaum jemand Zeit zum Reden, aber hier saß man nicht in einer festgelegten Ordnung, alles war beweglich, auch schon während der Aufbahrung zu Hause. Es war lebendig, man hat sich ausgetauscht, miteinander gesprochen und gegessen, dann war wieder jemand Neues da. Es war für niemanden schlimm, zu Christine zu kommen. Bei ihrer Lebensfeier war es ähnlich. Es war eine ganz wunderbare Erfahrung und von einem guten Geist getragen.

Mutter: Anfangs dachte ich, dass ich auf keinen Fall mit in den Ofenraum hinein will – ich wollte in dieser Zeit lieber draußen spazieren gehen. Aber dann sind alle mitgegangen, es war so feierlich, und ich dachte: »Ich bin doch die Mama, ich darf da doch nicht fehlen! Aber ich kann nicht. Doch, ich muss. Nein, ich kann nicht. Doch, ich muss da mit rein.« Und dann habe ich mich an meinem Mann festgehalten, drinnen wurde nochmal gesungen. Als der Sarg in den Ofen fuhr, musste ich die Augen schließen, das konnte ich nicht mit ansehen – aber ich war dabei. Heute bin ich froh darüber, obwohl es anfangs sehr, sehr befremdend war. Am Grab später habe ich das *Vaterunser* gesprochen, das war mir sehr wichtig.

Vor Kurzem habe ich zufällig eine von Christines Schulfreundinnen getroffen, in einer Gasse, durch die sonst kaum jemand geht. Dass wir uns ausgerechnet da über den Weg gelaufen sind, war außergewöhnlich – ich hatte diese Frau seit Jahren nicht gesehen. Gleich für den nächsten Abend lud ich sie zu uns ein und erzählte von den Erlebnissen in Berlin. Da sagte sie: »Dass wir jetzt so zusammengekommen sind, hat bestimmt die Christine arrangiert.« Ich gestehe ehrlich: So weit bin ich noch nicht, dass ich das so sehen kann. Ich spüre sie nicht um mich herum, ich kann noch nicht mit ihr in einen Dialog gehen. Das möchte ich gern lernen, aber ganz verinnerlicht habe ich ihren Tod noch nicht. Sie fehlt mir einfach so sehr. Mein Herz hängt an ihr. Ich bin unglaublich traurig, dass sie weg ist.

In diesem Moment fällt während des Gesprächs ein Bild von einem Regal. Es gab keinen Grund dafür – es stand dort schon viele Tage lang, kein Fenster, keine Tür wurde geöffnet, kein Luftzug konnte dafür verantwortlich gewesen sein. Alle müssen lachen – ein Gruß von Christine?!

Mutter: Diese Lebensfeier war eine wunderbare neue Erfahrung. Wie unsere Enkelin die Urne ihrer Mutter singend den ganzen Weg zum Grab getragen hat! Singend! Als ginge es direkt in den Himmel hinein.

Vater: Wir haben jetzt verfügt, dass wir auch so bestattet werden wollen. Zwei Tage wollen wir aufgebahrt und dann mit so einer Lebensfeier begraben werden. Das steht für uns seit diesem Erlebnis außer Diskussion und ist jetzt schon amtlich.

Den Sarg bemalen und schmücken

Am zweiten Tag einer Aufbahrung sprechen wir darüber, wie es weitergeht. Ist der Verstorbene zu Hause aufgebahrt, frage ich, wie die Nacht war und ob er noch bleiben soll. Meistens ist die Antwort ein eindeutiges »Ja, natürlich!«

Dann geht es um die Frage, welchen Sarg sich die Familie wünscht oder welchen der Verstorbene selbst vorher ausgesucht hat. Ich empfehle normalerweise ein einfaches Modell aus unbehandeltem Kiefernholz, das schont die Umwelt und man kann es gut bemalen. Ich frage die Angehörigen, ob sie das möchten – das ist für sie nach dem Waschen und Aufbahren die zweite Hürde, denn es ist in Deutschland alles andere als üblich. Normalerweise bleibt der Sarg, wie er ist, und man bestellt beim Gärtner für teures Geld den Blumenschmuck.

Warum aber nicht selbst Hand anlegen und das Holz mit Kreide, Pastell- und anderen Farben bunt bemalen, Gedichte, Sprüche oder Segenswünsche draufschreiben und persönliche Grüße? Vor allem für Kinder ist das gut (siehe ab Seite 140).

Das Gleiche gilt für den Blumenschmuck. Man braucht nicht unbedingt aufwendige Blumenarrangements, die oft etwas Steifes, Künstliches ausstrahlen. Viele Menschen haben einen eigenen Garten, aus dem man frische Zweige, Immergrün oder Efeu mitbringen kann. Das wird mit Klebestreifen auf dem Sarg befestigt, und dann steckt man frische Blüten mit kurzgeschnittenen Stängeln dazwischen. Das sieht vielleicht nicht so perfekt aus wie ein professionelles Gesteck, aber es ist mit Liebe gemacht und hat eine ganz persönliche Note.

Das gilt auch später für den Grabschmuck: Man kann auf der Trauerkarte darum bitten, von Kränzen und Blumengestecken Abstand zu nehmen und stattdessen nur eine Blume mitzubringen (vorzugsweise die Lieblingsblume des Verstorbenen). Diese wird dann auf dem Sarg, der Urne oder dem Grab angebracht. So ist die gesamte Trauergemeinde an der Gestaltung beteiligt.

Auf diese Weise wird der Sarg ein individuelles letztes Zuhause für den Verstorbenen. Quasi ein Schiff, mit dem er in See stechen kann – auf dem Weg in die geistige Welt.

Den Toten in den Sarg betten und aussegnen

Bevor der Verstorbene abgeholt und in die Kühlräume des Krematoriums, des Fuhrunternehmens oder der Friedhofskapelle gebracht wird, legen wir ihn gemeinsam in den fertig ausgemalten Sarg. Der Sarg hat meist eine Innenausstattung mit Matratze und Kissen, sodass wir den Toten nur noch mit dem Laken hineinheben müssen.

Ich bereite die Angehörigen darauf vor, dass er beim Bewegen eventuell Geräusche von sich geben kann – oft ist noch etwas Luft in der Lunge oder im Bauch. Es kann auch sein, dass etwas Körperflüssigkeit oder Blut aus dem Mund läuft, deshalb lege ich ein Handtuch darüber.

Ebenso sage ich dem Toten, dass wir ihn jetzt in den Sarg legen werden. Meist hat er ein ziemliches Gewicht, deshalb heben wir ihn zu mehreren mit dem Laken an, auf das er gebettet war – die Frauen am Fußende (da ist das Gewicht leichter), die kräftigeren Männer eher am Rumpf und am Kopfende. Wenn es genügend Angehörige gibt, die mit anpacken, brauchen wir die Männer vom Fuhrunternehmen nicht dafür.

Bevor wir den Sarg hinaustragen, wird der Tote noch ausgesegnet. Dafür bestellen wir entweder den Pfarrer ein oder wir machen es selbst. Ich habe dafür ein eigenes Ritual, aber natürlich können die Angehörigen selbst mit einbringen, was für sie wichtig ist. Manche wollen das *Vaterunser* sprechen oder einen Psalm aus der Bibel, andere ein Zitat eines Dichters oder Schriftstellers, oder es wird ein Text oder Gedicht rezitiert, das dem Anlass angemessen ist. Beliebt ist zum Beispiel der Sterbesegen von Ruth Fuehrer, bei dem die Angehörigen ihre Hände jeweils über die angesprochene Körperregion halten. Ich verwende folgende modifizierte Version des Textes:

Loslassen

Nehmt Abschied, ihr Augen,
von allem, was ihr in dieser Welt gesehen habt,
und richtet euch auf die Herrlichkeit des Schöpfers.

Nehmt Abschied, ihr Ohren,
von allem, was ihr auf der Welt gehört habt,
und hört auf die Worte der Gnade und Barmherzigkeit.

Nimm Abschied, du Mund,
von allen Worten, die du auf Erden gesagt hast,
und bereite dich, Dank und Ehre zu sagen.

Nehmt Abschied, ihr Füße,
von allen Wegen dieser Erde,
und bereitet euch, den Weg in die lichte Heimat zu gehen.

Nehmt Abschied, ihr Gedanken,
von dieser Welt,
und richtet euch hin zur unendlichen Liebe.

Nimm Abschied, du Mensch,
von dieser Welt mit ihren Freuden und Leiden,
von denen, die du liebst, und von denen, die dich lieben,
und bereite dich, der allumfassenden Liebe zu begegnen.

Diese unendliche Liebe vergebe dir alles,
was dich von ihr geschieden hat,
und gewähre dir den Eingang
in das Reich der Freude und der Herrlichkeit.

Nach der Aussegnung schließen wir gemeinsam den Sargdeckel, schrauben ihn zu und schmücken ihn mit Blumen. Danach tragen wir gemeinsam den Sarg nach draußen zum schon wartenden Leichenwagen und singen dabei ein Lied. Ist die Wohnung oder das Haus sehr verwinkelt, ist es besser, den Verstorbenen auf eine leichte, schmale Bahre zu legen. In diesem Fall erfolgt die Einbettung beim Fuhrunternehmen oder beim Bestatter.

Immer noch singend schieben wir den Sarg oder die Bahre in den Wagen hinein. Das Fuhrunternehmen, mit dem ich zusammenarbeite, hat nicht den üblichen schwarzen Kombi mit abgedunkelten Scheiben, sondern ein strahlend weißes Auto, dessen Dach innen mit einem »Sternenhimmel« ausgekleidet ist – in die Verkleidung des Autodachs sind kleine LED-Lämpchen eingelassen. So fährt der Verstorbene regelrecht unter einem Sternenhimmel zu seiner letzten Ruhestätte.

Danach ist es sinnvoll, eine Pause zu machen. Eine Aufbahrung und Aussegnung kostet Kraft – seelisch-geistige, aber auch körperliche. Das Erlebte muss verarbeitet werden, man möchte sich darüber austauschen, darüber sprechen, sagen, was einen bewegt. Bei einem gemeinsamen Essen geht das besonders gut; es erdet und bringt einen wieder in die Realität zurück, die in den Tagen der Aufbahrung ein Stück weit verloren gegangen ist. Denn wenn man einen Verstorbenen so intensiv begleitet, geht man innerlich immer einen Teil des Weges mit ihm. Da tut es gut, mit einer kräftigen Mahlzeit unter lieben Menschen wieder auf den Boden der Wirklichkeit zurückzukommen und seinen Körper zu spüren.

Lebens- und Abschiedsfeier, Beisetzung

Üblicherweise sind Trauerfeiern – wie der Name schon sagt – traurig. Ein Redner oder Pfarrer erinnert an das Leben des Verstorbenen, es wird viel geweint und die ganze Stimmung ist gedrückt. Am liebsten möchte man alles so schnell wie möglich hinter sich bringen und dann nichts wie weg. Kein Wunder, dass für die meisten die Teilnahme an einer Trauerfeier eher eine lästige Pflicht als eine wirkliche Herzensangelegenheit ist! Die triste, kühle und nüchterne Umgebung der dafür vorgesehenen Räume in Krematorien oder Friedhofskapellen trägt nicht gerade dazu bei, dass man sich dort gerne aufhalten würde.

Es war mir deshalb von Anfang an ein Anliegen, diese Feier anders zu gestalten – am liebsten so, wie ich es aus Mexiko kenne: dem Leben und der Zukunft zugewandt, mit Lachen und Weinen, als Fest eines Himmelsgeburtstags, nicht eines Todestages. Denn wo wir hier eine Bestattung begehen, wird auf der anderen Seite ein Willkommensfest gefeiert! Das sollten wir mit bedenken. Es geht weniger um die Trauer und den Schmerz der Hinterbliebenen, sondern um das Geschenk, das der Verstorbene allen Anwesenden mit seinem Leben gemacht hat. Oder, um es mit dem großen Philosophen und kirchlichen Lehrer Augustinus (354–430 n. Chr.) zu sagen: »Ihr, die ihr mich so geliebt habt, seht nicht auf das Leben, das ich beendet habe, sondern auf das, welches ich beginne.«

Ich nenne diese Feier deshalb »Lebens- und Abschiedsfeier« und nicht »Trauerfeier«, ganz egal, ob es sich um Einäscherung, eine Beerdigung (bei einer Erdbestattung) oder eine Urnenbeisetzung handelt.

Dabei möchte ich insbesondere – und darin unterscheide ich mich vermutlich von den meisten anderen Bestattern – mit dem Verstorbenen in Kontakt kommen, ihn in diese Feier wirklich mit einbeziehen, ihn einladen, dabei zu sein. Wir bereiten das schon durch das Waschen, Anziehen, Aufbahren und Aussegnen vor. Die Lebens- und Abschiedsfeier ist dann gewissermaßen der Höhepunkt: Wir feiern das Leben, das der Verstorbene geführt hat, und das, das er künftig führen wird. Alles, was wir während der Feier tun, ist ein Ritual für ihn. Er steht im Mittelpunkt.

Weil für mich der Tod nicht schwarz ist, trage ich bei Bestattungen ein dunkelrotes Kostüm. Auch bei den Angehörigen rege ich an, dass sich bei der Feier jeder so kleidet, wie der Verstorbene es gemocht hätte – oder, wenn das nicht bekannt ist, wie sie selbst es möchten.

Die Angehörigen sollen ihren eigenen Weg gehen und nicht so sehr auf Konventionen achten. »Das haben wir schon immer so gemacht«, »das haben wir noch nie so gemacht«, »das gehört sich nicht« und »das geht nicht« sind Killerargumente, die jeden neuen individuellen Ansatz zunichtemachen. Dabei gibt es nur einen Maßstab, der zählt: Was hätte dem Verstorbenen gefallen? Wie können wir die Feier so gestalten, dass er sich darin wiederfindet und seine Freude daran hat? Ist eine Bestattungsverfügung (siehe Seite 62) vorhanden, sind die Rahmenbedingungen schon weitgehend vorgegeben. Wenn nicht, sind die Angehörigen aufgefordert, im Sinne des Verstorbenen zu handeln.

Lebens- und Abschiedsfeiern gestalte ich grundsätzlich nach der Devise, dass möglichst viel selber gemacht wird. Wir besprechen den Ablauf und ich achte darauf, dass zwischen den einzelnen Beiträgen genügend Abstand ist und genügend Zeit bleibt für eine ruhige Feier. Nichts ist schlimmer, als wenn draußen schon die Nächsten warten!

Natürlich kann man einen Pfarrer oder freien Redner für die Ansprache engagieren. Aber am schönsten und persönlichsten ist es, wenn die Angehörigen selbst aus dem Leben des Verstorbenen erzählen oder einen Brief an ihn vorlesen, den sie geschrieben haben. Ein Pfarrer sollte den Toten idealerweise gut gekannt haben, um ihn und sein Leben in angemessener Weise würdigen zu können; für einen freien Redner gilt das in gleichem Maße. Beide sind sonst darauf angewiesen, was die Angehörigen erzählen – diese Sicht ist dann eher gefiltert, und wird der Persönlichkeit des Verstorbenen unter Umständen nicht gerecht.

Sprechen die Angehörigen den Verstorbenen in ihrer Rede direkt an, bekommt dieser Lebensrückblick eine große Intensität. Die Sorge, eventuell keinen Ton herauszubekommen, weil man zu bewegt ist und ständig weinen muss, ist oft unbegründet, vor allem, wenn man diese kurze Ansprache als Geschenk an den Verstorbenen betrachtet. Und kommt es doch vor, findet sich eigentlich immer ein anderer Gast, der diesen Part übernimmt. Das kann man vorher miteinander vereinbaren.

Die Variante mit dem Brief empfehle ich den Angehörigen am liebsten. So muss niemand frei sprechen, man hat genügend Zeit, um sich auf die Inhalte zu besinnen, und es ist ein schöner letzter Gruß. Damit das Schreiben leichter fällt, gebe ich den Angehörigen folgende Hinweise mit:

- Schreiben Sie nicht über den Verstorbenen, sondern an ihn – in der »Du«-Form. Sprechen Sie ihn direkt an.
- Versuchen Sie, das Leben des Verstorbenen möglichst objektiv darzustellen. Orientieren Sie sich dabei an dem, was er konkret geschaffen hat, damit es für alle leicht nachvollziehbar ist.
- Schildern Sie die wichtigsten Ereignisse, die sein Leben in Sieben-Jahres-Schritten kennzeichneten: Was hat er zwischen seiner Geburt und seinem 7. Geburtstag erlebt, was bis zum 14., in der Jugend bis zum 21. Lebensjahr, und so weiter in Siebenerschritten. Oft werden daran bestimmte Rhythmen erkennbar.

- Stellen Sie seine Charaktereigenschaften, seine Stärken und Schwächen heraus – liebevoll und wohlwollend.
- Erinnern Sie mit Anekdoten an besondere Ereignisse in seinem Leben – humorvoll, mit einem Augenzwinkern. Es darf auch gelacht werden bei so einer Feier!
- Versuchen Sie, das Lebensmotiv zu finden, das ihn in all seinen Jahren begleitet hat – sofern Ihnen das möglich ist. Vieles wird ja erst nach dem Tod erkennbar, dann aber umso deutlicher. Vielleicht hat der Verstorbene auch selbst von einer bestimmten Lebensaufgabe gesprochen, die er sich vorgenommen hat.
- Schildern Sie, was Sie von ihm gelernt haben, wo Sie Berührungspunkte hatten, Gemeinsamkeiten, aber auch, was Sie getrennt hat, wo Sie sich nicht einig waren oder was schmerzlich war. Sie sollen keine Schönfärberei betreiben, es darf ruhig auch benannt werden, was Sie enttäuscht hat, am besten auf liebe- und humorvolle Art.
- Wenn es ein Gedicht oder ein Zitat gibt, das Ihre Beziehung zueinander beschreibt oder das den Verstorbenen besonders gut charakterisiert, arbeiten Sie das mit ein.
- Lesen Sie sich den Brief zu Hause laut so vor, wie Sie ihn bei der Feier vorlesen würden. Stoppen Sie dabei die Zeit. Es wäre gut, wenn Ihre Rede nicht länger als fünf bis zehn Minuten ist. Das sind etwa drei bis vier nicht zu eng beschriebene DIN-A4-Seiten, je nachdem, wie zügig Sie sprechen.
- Überlegen Sie, wer außer Ihnen so einen Brief vortragen könnte, und sprechen Sie ruhig auch Freunde und Verwandte darauf an. Zwei bis drei solcher kurzen Redebeiträge von jeweils etwa fünf bis zehn Minuten Dauer kann eine Feier durchaus verkraften.

Der Verstorbene soll auf diese Weise sein Leben noch einmal ausgebreitet sehen.

Zwischendurch sollte Musik gespielt werden – am schönsten ist natürlich Livemusik. Zu überlegen ist, ob es im Bekannten- oder Verwandtenkreis Instrumentalisten oder Sänger*innen gibt, die bereit sind, bei der Feier mitzuwirken. Viele Friedhofskapellen und Krematorien haben eine kleine Orgel, die man benutzen kann. Ansonsten weiß der Bestatter vielleicht jemanden, der gegen Honorar engagiert werden kann. Auch Studierende an Musikhochschulen übernehmen eine solche Aufgabe oft gerne.

Es ist sinnvoll, eine Person zu benennen, die durch die Feier führt. Bei »meinen« Bestattungen übernehme das meistens ich.

Weil die Räume, in denen solche Feiern stattfinden, meist relativ kahl sind, bringe ich einen ganzen Schwung eigener Dekorationsmaterialien mit – mein Auto ist randvoll, wenn ich zu einer Lebens- und Abschiedsfeier fahre: Tücher, echte Kerzen, Teelichte, Leuchter in verschiedenen Größen, Blütenblätter, Blumen, Immergrün. Damit lässt sich jeder noch so triste Raum schön gestalten. Das ist wichtig, denn Schönheit ist heilsam – ganz besonders bei solchen Anlässen.

Für den Blumenschmuck auf dem Sarg oder der Urne braucht es nicht unbedingt eine professionelle Floristin. Wenn jeder Gast eine bestimmte Blume mitbringt, kann diese am Sarg bzw. der Urne angebracht werden. Diesen Wunsch kann man schon auf der Karte angeben, mit der der Todesfall mitgeteilt und zur Feier eingeladen wird. Alle Blumen, die nicht mit dem Sarg ins Feuer gehen oder mit der Urne in die Erde versenkt werden, können später auf dem Grabhügel in die Erde gesteckt werden, sodass ein großer festlicher Strauß entsteht.

Am Eingang lege ich ein Erinnerungsbuch aus und Buntstifte, sodass jeder etwas hineinmalen oder -schreiben kann – Gedanken, eine Erinnerung, einen Wunsch für den Verstorbenen. Das ist vor allem für Kinder wichtig. Dieses Buch liegt auch später am Grab und beim anschließenden Essen aus.

Manchen Gästen fällt anfangs nichts Passendes ein, aber das macht nichts. Sie haben ja die ganze Feier lang Gelegenheit, das nachzutragen.

Außerdem stelle ich einen Tisch mit Teelichten auf – meist sind es so viele, wie der Verstorbene Jahre alt geworden ist. Jeder Gast nimmt eines davon, zündet es an und bringt es zum Sarg oder zur Urne – als Zeichen seiner Verbundenheit und Liebe.

Bevor die Feier losgeht, verkrümeln sich viele Gäste gern in die hintersten Reihen. Sie haben einfach Berührungsängste. Bei meinen Bestattungen überbrücke ich diese Distanz, indem ich alle möglichst direkt mit einbeziehe. In den letzten fünf Minuten, wenn die Leute draußen oder im Vorraum herumstehen, schlage ich vor: »Liebes Publikum, wir wollen jetzt für den Verstorbenen einen Chor bilden, und damit er nicht so sehr schmunzeln muss auf der anderen Seite, üben wir das jetzt mal – es soll sich ja richtig gut anhören!« So haben alle etwas zu tun und gar keine Zeit, sich Gedanken zu machen, wie sie sich am besten unsichtbar machen können. Das Singen nimmt ihnen die Angst vor der Bestattung, und die Seele kann sich öffnen. Drei Lieder habe ich immer im Gepäck:

1. »Dona nobis pacem« – »Gib uns Frieden«, ein alter, wunderschöner dreistimmiger Kanon.
2. »Mache dich auf und werde Licht« – das ist eigentlich ein Weihnachtslied, passt aber inhaltlich wunderbar zu diesem Anlass und lässt sich auch im Kanon singen.
3. Den irischen Reisesegen (siehe »Irisches Segenslied«, Seite 199).

Ich verteile die Noten und singe vor, und wer möchte, kann mit einstimmen. Meistens ist irgendjemand dabei, der nicht so musikalisch ist, das sorgt dann von alleine für Heiterkeit. Humor ist wichtig – gerade bei solchen Feiern!

Zu Beginn der Feier spreche ich meist einen Text von Charles Henry Brent (1862–1929):

Was heißt Sterben? Ich stehe an einem Ufer. Eine Brigg segelt in der Morgenbrise und steuert aufs offene Meer. Sie ist ein herrlicher Anblick, und ich stehe da und sehe ihr nach, bis sie zuletzt am Horizont verschwindet, und jemand neben mir sagt: »Jetzt ist sie nicht mehr da.« Nicht da! Wo dann? Nicht da für meine Augen, das ist alles ... Die Ferne und das Nicht-da-Sein sind auf meiner, nicht auf ihrer Seite; und gerade in dem Moment, da hier, neben mir, einer sagt: »Jetzt ist sie nicht mehr da«, gibt's andere, die sie kommen sehen, und andere Stimmen rufen freudig aus: »Da, da ist sie.« Und das heißt Sterben.

Danach beginnen die Rede- und Musikbeiträge, wie wir es vereinbart haben, und im Anschluss verlesen die Angehörigen ihre Briefe an den Verstorbenen. Dazwischen kommt immer wieder Musik.

Zum Schluss versammeln wir uns alle im Kreis um den Sarg oder die Urne zu einer Lichtmeditation. Als Vorbereitung erzähle ich noch einmal kurz, wie der Mensch gestorben ist, wie wir ihn gemeinsam gewaschen, angezogen, aufgebahrt und ausgesegnet haben. Was die Angehörigen über sein Leben bis zum Tod erzählt haben, setze ich jetzt fort mit einem Bericht über das, was sich seit seinem Tod ereignet hat. Ich bitte alle Anwesenden, eines der Teelichter zu nehmen, die am Sarg stehen, und sich im Kreis zu versammeln. Jeder soll mit wenigen Worten beschreiben, was der Verstorbene ihm bedeutet hat, wofür er dankbar ist und was ihn an ihm besonders berührt hat. Das geht auf eine alte Tradition aus Japan zurück. Dort stehen hinter den Gräbern lange Holzlatten mit dem »Himmelsnamen« der Toten. Dieser Name setzt sich aus all den verschiedenen Eigenschaften zusammen, die er in seinem Erdenleben hatte. Diese Eigenschaften kann man, wenn man will, auch noch mit einem Stift auf den Sarg schreiben.

Die Lichtmeditation leite ich ein mit den Worten: »Wir schicken dir viel Licht und viel Liebe, dass sie dich auf deinem Weg begleiten und beflügeln mögen. Wir lassen dieses Licht und diese Liebe wie einen Dom über dir entstehen, der zu dir hinauf- und auch auf uns herabstrahlt.« Danach schweigen wir und versuchen, diesen Dom aus Licht zu erzeugen. Das hat eine enorme Kraft. Schließlich singen wir eines der Lieder, die wir vorher gemeinsam geübt haben: »Mache dich auf und werde Licht.«

Handelt es sich um eine Feuerbestattung, wird jetzt der Sarg in den Ofenraum geschoben oder getragen – wenn möglich, von den Angehörigen und Freunden. Ich lade alle Gäste ein, mit dabei zu sein. Natürlich ist niemand dazu verpflichtet; jeder soll selbst einschätzen, ob er das aushält oder nicht. Ich erlebe allerdings immer wieder, dass sehr viele mitkommen, je nach Raumgröße. Für diejenigen, die dabei sein können, ist es ein ähnlich starker Moment wie der, wenn der Sarg in die Erde gesenkt wird.

Ich bereite die Trauergäste genau darauf vor, was sie im Ofenraum erwartet: Der Sarg wird hinübergetragen und vor dem Ofen abgestellt. Wenn die Tür aufgeht, sieht man im Inneren nur rot glühende Schamottsteine, kein Feuer. Der Sarg fährt hinein, und die Tür geht wieder zu. Das Ganze macht durchaus etwas Lärm, ist aber sonst ein relativ nüchterner, unspektakulärer Vorgang. Seine Dramatik gewinnt er durch die vielen Emotionen, mit denen er besetzt ist. Trotzdem hilft es, das mitzuerleben, weil die Vorstellung davon oft viel dramatischer ist als der Vorgang selbst.

Hilfreich ist es auch, darauf hinzuweisen, dass der Verstorbene sich jetzt aufmacht zu seiner Reise ins Licht, wo ihn eine neue Aufgabe erwartet. Darauf sollte man sich bei diesem Vorgang konzentrieren und nicht darauf, was im Ofeninneren passiert.

Sobald es ruhig geworden ist im Ofenraum, beten wir, wenn es gewünscht wird, ein Vaterunser – entweder in der traditionellen Fassung des Neuen Testaments oder als freie Übersetzung aus dem Aramäischen (siehe Seite 196). Geeignet ist natürlich auch jeder andere Text, der der Seele Halt gibt.

Wenn wir in den Feierraum zurückgehen, stellen wir die Teelichte dort ab, wo vorher der Sarg stand. Die Gäste setzen sich wieder und das Erlebte kann nachklingen.

Wir bilden erneut einen Kreis um den Tisch herum, auf dem der Sarg stand, und singen. Zum Abschluss kreuzen wir die Arme rechts über links vor der Brust und fassen jeweils die Hände des Nachbarn an, sodass wir einen »Kräftekreis« bilden. Derart verbunden, schicken wir gemeinsam dem Verstorbenen noch einmal Licht und Liebe auf seinen Weg und spüren beides in unseren Herzen. Mit diesem Gefühl heben wir die Arme an und drehen uns rechts herum hinaus – ins Leben. In diesem Moment verwechselt unweigerlich irgendjemand rechts und links, der Kreis verheddert sich und es gibt ein Kuddelmuddel mit viel Gelächter – und genau das ist gut, damit sich die Spannung in Heiterkeit lösen kann. Jetzt lassen wir den Verstorbenen gehen, während wir gleichzeitig seine Liebe und sein Licht in unserem Herzen spüren.

Nach diesem guten Abschluss gehen die Gäste nach Hause oder mit den Angehörigen zusammen zum Essen – was nach so einer anstrengenden Seelenarbeit immer sinnvoll ist. Nicht umsonst gibt es auf dem traditionellen »Leichenschmaus« immer etwas Kräftigendes wie zum Beispiel eine gehaltvolle Suppe! Auf manchen Friedhöfen darf man auch ein Picknick machen, wenn die Friedhofsverwaltung es erlaubt.

Bei diesem Essen kann man sich weiter an den Verstorbenen erinnern, zum Beispiel indem man sich im Kreis setzt und jeder ein Erlebnis erzählt. Oft hören die Angehörigen dabei Dinge, die sie noch gar nicht wussten! Es ist eine sehr schöne Art, Erinnerungen zusammenzutragen, denn in dieser Konstellation kommt die Gästeschar nie wieder zusammen. Zwischendurch kann weiterhin gesungen und musiziert werden oder es findet sich Gelegenheit für das Vorlesen weiterer Gedichte. Viele Anregungen dazu finden Sie im Anhang dieses Buches.

Der Raum, in dem das Essen stattfindet, kann mit Bildern aus dem Leben des Verstorbenen geschmückt werden, etwa mit großformatigen Fotoausdrucken, die man mit Wäscheklammern an einer Schnur aufhängt.

Wenn der Verstorbene irgendetwas gesammelt hat, ist es eine besonders schöne Geste, wenn diese Sammlung auf einem Tisch aufgebaut wird und jeder der Gäste sich etwas als Erinnerung mitnehmen darf.

Den Sarg oder die Urne bestatten

Handelt es sich um eine Erdbestattung oder wird die Feier anlässlich der Urnenbeisetzung veranstaltet, gehen wir natürlich nicht in den Ofenraum, sondern nehmen nach der Lichtmeditation den Sarg bzw. die Urne auf und tragen ihn bzw. sie zum Grab. Auch das können die Angehörigen bei Zustimmung der Friedhofsverwaltung selbst tun. Man muss in diesem Fall nur unter Umständen aus versicherungstechnischen Gründen ein Formular unterzeichnen, das den Friedhof von eventueller Haftung bei Unfällen befreit.

Bei einer Erdbestattung wird der Sarg am bereits ausgehobenen Grab auf Balken abgestellt, die über das Grab gelegt sind; bei einer Urnenbeisetzung steht die Urne auf einem Tischchen oder Ständer. Nach ein paar einleitenden Worten wird der Sarg an Gurten oder Seilen etwas angehoben, damit die

Bretter sich herausziehen lassen, und dann langsam abgesenkt. Eine Urne lege ich mit einem Tuch in das bereits ausgehobene Erdloch (das Tuch verbleibt darin), ich verwende dafür nie die sonst üblichen schwarzen Plastiknetze oder Zangen. Je nach Stimmung singen wir währenddessen noch einmal oder es wird ein Instrument gespielt. Manchmal wünschen sich die Angehörigen aber auch Stille. Zum Abschied kann man einen Segen oder ein Gedicht sprechen.

Anschließend wirft jeder Trauergast eine Handvoll Erde, oft auch Blütenblätter auf den Sarg oder die Urne. Dazu spreche ich ein passendes Gebet oder ein Gedicht.

Der Erdwurf ist eher symbolisch und reicht natürlich nicht, um das Grab zu bedecken. Deshalb wird das Grab von den Friedhofsmitarbeitern mit einem kleinen Bagger zugeschaufelt, nachdem die seitlichen Stützwände herausgezogen sind. Das ist ein recht unromantischer Vorgang, den ich deshalb vorher ansage. Mit Genehmigung der Friedhofsverwaltung können die Angehörigen das Zuschaufeln händisch auch selbst übernehmen – ich ermutige sie sogar dazu, weil körperliche Arbeit nach all der Seelenarbeit guttut, vor allem, wenn Kinder dabei sind. Sie hilft, die Trauer aktiv zu verwandeln.

Wenn wir selber schaufeln, schmücken wir anschließend noch das Grab: Alle mitgebrachten Blumen oder auch Pflanzen und Blumenzwiebeln stecken wir in die Erde. Als provisorischer »Grabstein« kann ein Holzkreuz mit eingeprägtem Namen, ein Stück Holz oder ein Stein mit dem Namen des Verstorbenen dienen. Übrige Blütenblätter können über das Grab oder am Rand verstreut werden – am besten von anwesenden Kindern.

Es ist schön, wenn mitgebrachte Kerzen in Gläsern oder Laternen am Grab zurückbleiben. Bei Baumbestattungen im Wald ist das allerdings nicht erlaubt; hier soll die Natur so bleiben, wie sie ist.

»Ich bin froh, so begleitet worden zu sein«

Wie es ist, wenn man ganz plötzlich vor der Anforderung steht, den eigenen Mann bestatten zu müssen, schildert Susanne W.

Als mein Mann 61 war, wurde bei ihm Darmkrebs festgestellt. Wir waren gerade auf einer Ferienrundreise mit dem Mietwagen durch Australien. Dass etwas mit ihm nicht stimmte, fiel mir auf, weil er plötzlich keinen Kaffee mehr trank, obwohl er zeitlebens ein leidenschaftlicher Kaffeetrinker war. Darauf durfte ich ihn aber nicht ansprechen – wir haben früher beide Leistungssport betrieben, waren bei Weltmeisterschaften und Olympischen Spielen, da lässt man sich nichts anmerken.

Eines Tages war ich im Hotelzimmer nach ihm auf der Toilette und stellte fest, dass er Blut verloren hatte. Da war es natürlich vorbei mit meiner Geduld und ich habe ihn verdonnert, direkt am nächsten Tag zum Arzt zu gehen. Der schickte ihn sofort ins Krankenhaus. Ich spreche nicht so gut Englisch, aber die Körpersprache und die Mimik des Arztes waren eindeutig: Es ist etwas Ernstes. Wegen des Blutes hatte ich ohnehin gleich den Verdacht, dass es Darmkrebs sein könnte. Die Frage war nur: Können wir die Reise noch fortsetzen oder müssen wir gleich nach Hause? Der Arzt meinte dann: Wenn er nicht mehr als eine Tasse Blut am Tag verliert, können wir bleiben. Mein Mann wollte das unbedingt.

In Deutschland wurde er dann gleich operiert, bekam einen künstlichen Darmausgang und den ersten Chemozyklus. Das war Ende Dezember 2014. Weil er Metastasen in der Leber hatte, wurde er noch ein zweites Mal operiert, da haben sie ihm die halbe Leber weggenommen. Auch das ist gut gegangen. Ende Januar folgte dann der zweite Chemozyklus, und der hat ihn komplett umgeworfen. Es ging ihm sehr schlecht, aber er ließ sich wenig anmerken. Er schob seine Krankheit beiseite und wollte nicht wahrhaben, wie ernst es um ihn steht.

Im September 2015 hatten sich die Metastasen über den ganzen Körper ausgebreitet, und uns wurde klar, dass es nicht mehr lange dauern würde. Im Oktober kam er mit multiplem Organversagen in die Klinik. Der Arzt eröffnete mir, dass er nichts mehr für ihn tun könne. Ich sagte: »Dann kann ich ihn ja mit nach Hause nehmen.« Der Arzt hätte es erlaubt, aber mein Mann wollte nicht. Er hatte immer noch Hoffnung.

Wir haben zuvor nie über den Tod gesprochen. Wir hatten auch keine Vorsorgevollmacht oder andere Verfügungen. Als Leistungssportler hat man immer nur das Ziel vor Augen. Man steht am Start und sagt sich: »Du gewinnst.« Man geht die Strecke ab und sagt sich: »Du bist vorne.« Das ist bei jedem Wettkampf gleich und das steckt einem in den Gliedern. Deshalb war es für mich ebenso wenig wie für ihn vorstellbar, dass es tatsächlich zu Ende geht. Wir kannten beide nur den unbedingten Siegeswillen. Und das bedeutete: weiterleben. So hat mein Mann auch in der Krankheit immer nur gekämpft. Eine Niederlage war undenkbar.

Das Schlimme war, dass wir zur Passivität verdammt waren. Ich überlegte immer, was ich ihm wohl Positives geben könnte – nur um zu merken: Es gibt nichts. Ich sah, wie er kämpfte, und konnte nichts für ihn tun. Das war schrecklich.

Vielleicht hätte es geholfen, die Dinge beim Namen zu nennen, dem Unvermeidlichen ins Auge zu sehen. Aber da standen wir uns selbst im Weg. Es kam einfach weder für ihn noch für mich infrage, das Unabwendbare kampflos hinzunehmen. Dafür muss man eine andere Natur haben.

Ich alarmierte unsere vier Kinder, zwei Jungs und zwei Mädchen, alle schon erwachsen. Sie kamen sofort. Am Dienstag war das

Ende schon abzusehen. Am Mittwoch, dem 11. November, ist er dann um 23:20 Uhr gestorben … vierzig Minuten vor seinem Geburtstag. Wir waren alle bei ihm.

Danach stand ich erst mal komplett neben mir. Ich war nicht mehr ich, fühlte mich völlig taub. Ich hatte auch keine Vorstellung, was zu tun war. Klar: Wir brauchten einen Bestatter. Nur, wie kommt man an den?

Mein ältester Sohn schaute im Internet nach und fand auch jemanden, der ihm zusagte. Gleichzeitig rief ein Bekannter an und gab uns Angelas Adresse. Wir baten sie, nachmittags zu uns zu kommen. Bis dahin hatten wir uns schon einige Friedhöfe angeschaut, aber sie haben uns alle nicht gefallen.

Als Angela kam, setzte sie sich erst einmal mit uns an den Tisch und erklärte uns, was sie machen würde. Da kam auch die Rede auf das gemeinsame Waschen und Anziehen und Einbetten in den Sarg. Sie sagte, als Erstes müsse mein toter Mann schnell raus aus der Klinik. Sie würde ihn in die Räume des Fuhrunternehmens holen, wo wir ihn dann gemeinsam herrichten könnten. Ihre Devise war: »Wir machen alles selber!« Währenddessen spürte ich regelrecht, wie mein Mann neben mir stand und sagte: »Das willst du mir jetzt doch nicht ernsthaft zumuten, oder?« Wir kannten das so ja nicht. Ich war immer davon ausgegangen, dass der Bestatter das alles schon richten wird. Und jetzt sollten wir selber mit ran? Das war mir ganz schön suspekt.

Aber Angela erzählte so warm, sie strahlte so viel Ruhe und Sicherheit und Freundlichkeit aus. Die Kinder waren begeistert von ihr und sagten sofort: »Ja, so machen wir's!« Nur ich war noch skeptisch. Angela riet uns, den Friedhof in Stahnsdorf anzuschauen und ihr dann später Bescheid zu sagen, ob wir sie engagieren wollten oder nicht. Sie hat uns alles völlig freigestellt und ist wieder gegangen.

Ich wollte erst noch den anderen Bestatter anschauen, den mein Sohn als Erstes herausgesucht und dessen Website uns ganz gut gefallen hatte. Sein Büro war in einem Bungalow hinter einem Wohnhaus. Ein Mann in Gärtnerkluft kam uns entgegen und sagte:

»Gehen Sie schon mal vor, ich komme gleich.« Als wir die Büroräume betraten, war das Erste, was uns auffiel, der muffige Geruch. Die ganze Atmosphäre war nicht gut. Es war kalt und unangenehm, fast gruselig. Wir saßen da, keiner sagte ein Wort. Nach fünf oder zehn Minuten schauten wir uns an und ich sagte nur: »Wollen wir gehen?« Jeder hatte auf diese Frage gewartet. Wir sprangen auf und suchten das Weite. Auf dem Weg kam uns der Mann entgegen, jetzt in seiner Bestatterkluft mit schwarzem Anzug, weißem Hemd, schwarzer Krawatte. Er war völlig verblüfft, dass wir wieder gehen wollten. Mein Sohn sagte nur: »Wir haben es uns anders überlegt, tut uns leid« – und weg waren wir.

Danach stand fest: Wir nehmen Angela! Am Freitag Früh riefen wir sie an und erteilten ihr den Auftrag. Sie sagte nur: »Dann muss ich mich jetzt beeilen, dass ich deinen Mann aus der Kühlung bekomme.«

Am Freitag waren wir auch noch in Stahnsdorf und wussten sofort: Das ist der richtige Friedhof. Er gefiel uns auf Anhieb. Am Sonntag trafen wir uns in einem Café und planten mit Angela die nächsten Schritte.

Erst einmal sollten wir meinen Mann waschen und neue Sachen anziehen. Davor graute mir; ich hatte Angst, ihm so zu begegnen. Diese Angst war sofort weg, als ich ihn sah. Da lag doch mein Mann! Und schon war da nur noch Liebe und das Waschen und Einölen etwas ganz Selbstverständliches. Auch die Kinder halfen mit, nur der Älteste hielt sich etwas abseits. Erst als es ans Anziehen ging und Angela sagte: »Jetzt brauchen wir Muskelkraft!«, kam er ganz selbstverständlich dazu. Das Eis war gebrochen und alles war wie verwandelt. Wir haben sogar viel gelacht.

Was die Beerdigung anging, war uns klar, dass es eine Erdbestattung werden sollte. Ich hätte ihn einfach nicht ins Feuer geben können. Wir hatten nie über das Thema Bestattung gesprochen, deshalb wusste ich nicht, was er gewollt hätte. Wir legten den Termin auf den nächsten Donnerstag. Nur die engsten Freunde sollten dabei sein, nicht die Leute aus der Firma und dem Sportverein.

Ich wusste, dass das nicht im Sinne meines Mannes gewesen wäre, denn er war immer ganz bescheiden. Mir war das recht – ich hatte gar nicht die Kraft für ein so großes Event.

Dann standen wir vor der Frage: Geben wir die Gestaltung in andere Hände oder machen wir alles selbst? Anfangs war mir ziemlich bange – würden wir es schaffen, so eine Feier zu bestreiten? Auch da hat Angela uns die Angst genommen. So von Herzen kann das doch nur von einem selbst kommen. Hätten wir das aus der Hand gegeben, wären wir nicht glücklich geworden. So aber haben wir wirklich Abschied nehmen können. Dafür bin ich sehr dankbar. Im Nachgang sagten alle: Das war das Beste, was uns passieren konnte! Diese andere Seite, die wir durch Angela erfahren haben, ist so wichtig, so bereichernd. Konventionelle Bestattungen sind kalt. Das ist Weggeben, Wegschließen, Abschieben.

Die erste Zeit danach war für mich sehr schwierig; ich fühlte mich wie amputiert. Sogar da noch hat mich Angela gut begleitet. Wir haben viel miteinander gesprochen, ich nahm einige ihrer Angebote an und meldete mich obendrein zu einem Malkurs an. Das hat mir geholfen. Ich musste mich ja im Leben wieder zurechtfinden! Schließlich kam ich auf die Idee, eine Stiftung im Namen meines Mannes zu gründen. Ich kniete mich in all die Formalitäten und arbeitete mich Schritt für Schritt ein. Das tat mir gut.

Am ersten Todestag haben wir die Mitarbeiter der Firma zu uns nach Hause eingeladen und auch den Sportverein. Davon sprechen sie heute noch. Wir haben uns für dieses Jahr direkt wieder verabredet und freuen uns schon darauf, im großen Kreis über meinen Mann zu sprechen. Der 11. November ist sein Himmelsgeburtstag, der 12. sein Erdengeburtstag.

Im ersten Jahr war ich täglich an seinem Grab, danach mindestens zweimal in der Woche, inzwischen nur noch einmal. Auf dem Grabstein steht jetzt schon auch mein Name, nur noch kein Sterbedatum. Ich weiß, ich werde bei ihm liegen, wenn es so weit ist. Die Kinder wissen Bescheid, wie ich bestattet werden möchte. Das fühlt sich gut an.

Sollen Kinder dabei sein?

Es ist eine immer wiederkehrende bange Frage, die Familien an mich richten: Sollen die Kinder bei der Aufbahrung und Bestattung dabei sein? Was kann man ihnen zumuten? Können sie das alles verkraften? Müssen wir sie nicht schonen? Erleben sie einen Schock, wenn sie einen Leichnam sehen? Wie können wir die Trauerfeier so gestalten, dass die Kinder sie verstehen?

Meine Erfahrung zeigt: Kinder können durchaus verstehen, was passiert ist, und es ist sogar unbedingt notwendig, sie in das Geschehen einzubeziehen, weil sie ohnehin das meiste erspüren! Man sollte sie nicht fernhalten, weil sie sich sonst in ihrer kindlich blühenden Fantasie schlimme Dinge ausmalen, die mit der Realität nichts mehr zu tun haben.

Mit intellektuellen Erklärungen können Kinder freilich wenig anfangen; sie brauchen Bilder und Geschichten. Man kann ihnen zum Beispiel erzählen, dass das Erdenkleid des Verstorbenen einen Riss bekommen hat und er es deshalb ablegen musste – das Kind selbst läuft ja auch nicht in zerrissenen Kleidern herum. Dafür hat der Verstorbene jetzt ein Kleid aus Licht bekommen und ist an der Hand seines Schutzengels auf dem Weg auf die sonnige Himmelswiese. Dort geht es ihm gut, er ist jung, gesund und kräftig, denn er hat alles, was krank und verbraucht war, zurückgelassen.

Auf jeden Fall brauchen Kinder einen Ort, der dem Verstorbenen gewidmet ist. Dafür kann man in der Wohnung eine Ecke mit einem Foto, einer Kerze und frischen Blumen einrichten. Dort kann das Kind dann immer wieder etwas hinbringen, wenn es möchte – eine Feder, einen Stein, ein Blatt, einen selbst gepflückten kleinen Strauß – und zum Beispiel abends vor dem Schlafengehen erzählen, was es tagsüber erlebt hat. So kann man die Verbindung wahren und den Verstorbenen weiterhin in das Leben einbeziehen. Wenn das Kind möchte, kann es auch selbst eine Art kleinen Gedenkaltar anlegen.

Es ist nicht gut, Kindern die Möglichkeit zum Abschied vorzuenthalten. Ich erhielt einmal den Anruf einer Frau, deren Mann gerade mit Anfang vierzig gestorben war. Die beiden hatten vier Kinder im Alter von drei bis vierzehn Jahren. Der Mann war im Krankenhaus Havelhöhe aufgebahrt, und als ich kam, war ich erstaunt, dass keines der Kinder da war. Die Frau sagte, sie möchte nicht, dass die Kinder kommen – sie sollen ihren Vater so in Erinnerung behalten, wie sie ihn im Leben gekannt haben. Ich fragte sie: »Wie wäre es denn, wenn Sie die Kinder selbst fragen?« Sie tat es und war sehr erstaunt, dass alle Kinder ihren Papa unbedingt noch einmal sehen wollten.

Wir trafen uns im Aufbahrungsraum. Die Frau hatte Kleidung ihres Mannes mitgebracht, weil wir ihn gemeinsam anziehen wollten; bis dahin trug er noch das Krankenhaushemd. Jetzt konnten alle mit Hand anlegen – der Kleinste zog ihm die Socken an, die größeren halfen bei Hemd und Hose. Alle hatten Blumen mitgebracht und Bilder gemalt, die legten wir mit in den Sarg. Gemeinsam zelebrierten wir ein schönes Abschiedsritual und sangen Lieder. Wir begleiteten den Sarg noch bis zum Leichenwagen und winkten ihm hinterher. Das war für alle sehr schön, und es hat die Familie stark miteinander verbunden.

Ein anderes Beispiel war ein fünf Jahre alter Junge, der bei der Einäscherung seines Patenonkels dabei war und unbedingt mit in den Ofenraum wollte. Es war eine sehr schöne Zeremonie mit 60 oder 70 Leuten, viele davon Chorsänger – der ganze Ofenraum war von Gesang erfüllt. Danach erzählte ich die Geschichte vom »Goldenen Kästchen« (siehe Seite 147). Bei der anschließenden Feier hatten wir ein Erinnerungsbuch ausgelegt, in das die Kinder Bilder malen durften. Der Fünfjährige malte eine Szene aus dem »Goldenen Kästchen«, aber auch, wie der Sarg in den Ofen einfährt, und konnte so das

Ganze gleich verarbeiten. Abends fragte er seine Mutter: »Mama, tut es weh, wenn man in den Ofen geschoben wird?« Sie antwortete: »Du hast doch deine Kleider jetzt ausgezogen, um deinen Schlafanzug anzuziehen. Würde es dir wehtun, wenn wir die abgelegten Kleider in den Ofen schieben?« »Nein.« – »Siehst du, so war es bei deinem Onkel auch.« Zwei Wochen später erhielt ich von ihr eine SMS: »Bei uns wird gerade Bestattung gespielt!« Der Junge hatte einen Karton umgedreht, ein Tuch darübergebreitet und mit grünen Zweigen geschmückt, das war der Sarg. Er selbst spielte den Pfarrer, die kleine Schwester war seine Assistentin. Das war eine sehr gesunde Reaktion, denn Kinder verarbeiten das Erlebte am besten im Spiel. Viele spielen noch jahrelang nach, was sie gesehen, gehört und gefühlt haben.

Ein drittes Beispiel war die Bestattung eines 52-jährigen Mannes. Er hatte mehrere Kinder, darunter einen siebenjährigen Sohn, der über den Tod des Vaters sehr wütend war. Die beiden hatten eine sehr enge Beziehung miteinander gehabt. Als ich kam, hatte sich der Junge gerade voll auf den toten Papa geworfen und trommelte mit den Fäusten auf ihn ein, so verzweifelt war er. Ich sprach dann erst einmal mit ihm und erklärte ihm, dass es dem Papa gut geht, dass er wieder gesund ist – er war an einem Hirntumor gestorben – und seine Krankheit abgelegt hat. Damit hat sich der Kleine etwas beruhigt.

Danach musste geklärt werden, wie es weitergehen soll, damit das Kind und ebenso seine Geschwister diesen Tod möglichst gut verarbeiten können. Für mich war klar: 1. Der Vater muss aufgebahrt werden. 2. Die ganze Familie soll den Sarg bemalen, vor allem der Siebenjährige, damit er seine Wut loswerden und dem Vater etwas von sich selbst mitgeben kann. 3. Das Kind braucht eine Erdbestattung, keine Einäscherung, die würde es nicht ertragen. Kinder müssen das Geschehen verfolgen können, sie müssen Schritt für Schritt miterleben, was mit dem Verstorbenen passiert, um ihn gut loslassen zu können. Und danach hilft es ihnen, zu einem Grab gehen und es pflegen zu können.

Anfangs war die Familie etwas irritiert, weil eigentlich eine Feuerbestattung vorgesehen war, hat die Gründe jedoch eingesehen. Beim Bemalen des Sargs befürchtete die Mutter, der Sohn könne wieder einen Wutanfall bekommen. Deshalb schlug ich vor, dass er erst einmal allein den Sargdeckel innen ausmalt. Gerade bei einem Kind in emotionalem Ausnahmezustand ist es das Beste, wenn es etwas Sinnvolles zu tun hat. Am Sargdeckel konnte der Junge sich austoben und störte die anderen nicht. Er nahm dann rote Farbe und bekleckste das Innere des Deckels kraftvoll mit dem Pinsel. Später schmückten die Geschwister das noch weiter aus, zum Schluss sah es sehr schön aus.

Nachdem wir den Vater in den Sarg gelegt hatten, stellten wir ihn auf ein Podest – er stand also etwas erhöht und nicht auf Augenhöhe des Sohnes. Immer wenn er den Vater anschauen wollte, musste er angehoben werden. Dadurch entstand etwas Abstand zwischen den beiden und das Kind konnte sich langsam daran gewöhnen, dass der Vater nicht mehr lebt.

Das letzte Geschenk des Vaters an den Sohn war eine stabile Schaufel gewesen. Die hatte der Junge bei der Beerdigung dabei und konnte damit das Grab zuschaufeln – zwei Stunden lang. Das hat ihm gutgetan. Zwischen den Bäumen hatten wir Bilder aus dem Leben des Verstorbenen aufgehängt und es gab etwas Warmes zu essen und zu trinken, denn es war ein kalter Januarnachmittag. Zum Schluss schmückten wir den Grabhügel mit den mitgebrachten Blumen. Die Kinder hatten flache Steine mit jeweils einem Buchstaben des Namens bemalt, und auch beim Auslegen dieser Steine half der Sohn tatkräftig mit. Es wurde immer dunkler, die Sterne und der Mond kamen heraus – eine wunderschöne Stimmung. Kurz bevor der Friedhof schließen musste, stellten wir noch 52 Windlichter, eins für jedes Lebensjahr des Vaters, auf den Sarghügel. Und so war der letzte Anblick, den der Sohn von diesem Tag mitnahm, ein auch von ihm selbst über und über mit Blumen geschmücktes leuchtendes Grab, umkränzt von Steinen, die er mit bemalt und gelegt hatte.

In der Begegnung mit Kindern arbeite ich ähnlich intuitiv wie mit Erwachsenen. Ich spüre, was auf mich zukommt, was gebraucht wird. Man muss die Menschen dort abholen, wo sie sind, und darf ihnen nichts überstülpen. Am schädlichsten ist es, etwas zu verheimlichen – vor allem Kindern gegenüber. Oft wollen ausgerechnet sie haargenau wissen, was vor sich geht und wie, mit allen technischen Details! Diesem Wunsch sollte man dann nachkommen, und zwar ganz sachlich.

Sinnvoll sind Rituale, mit denen man später an den Verstorbenen denkt. Ein schöner, aus Japan stammender Brauch ist es, für den Verstorbenen zwei kleine Schälchen aufzustellen, in das eine wird bei jeder Mahlzeit Wasser gefüllt, in das andere etwas vom Familienessen. Vor dem Essen wird ein Glöckchen geläutet oder eine kleine Klangschale angespielt und ein Spruch für den Toten aufgesagt. Nach dem Essen wird verspeist, was man für ihn hingestellt hat.

Oder man zündet vor der Mahlzeit vor dem Bild des Verstorbenen eine Kerze an und spricht einen Segensspruch. Es gibt viele Möglichkeiten, jede Familie kann hier ihr eigenes Ritual entwickeln.

Zu bedenken ist, dass sich die Haltung der Eltern zum Tod auf Kinder überträgt. Je natürlicher ihre Einstellung ist, desto besser und selbstverständlicher können Kinder mitgehen.

Geschichten zum Vorlesen für Kinder und Erwachsene

Märchen und Geschichten können Kindern – genauso wie Erwachsenen! – die Vorgänge rund um Sterben und Tod begreiflicher machen. Zum Beispiel ein Märchen der Gebrüder Grimm:

Der gestohlene Heller

Es saß einmal ein Vater mit seiner Frau und seinen Kindern mittags am Tisch, und ein guter Freund, der zum Besuch gekommen war, aß mit ihnen. Und wie sie so saßen und es zwölf Uhr schlug, da sah der Fremde die Tür aufgehen und ein schneeweiß gekleidetes, ganz blasses Kindlein hereinkommen. Es blickte sich nicht um und sprach auch nichts, sondern ging geradezu in die Kammer nebenan. Bald darauf kam es zurück und ging ebenso still wieder zur Türe hinaus. Am zweiten und dritten Tag kam es auf ebendiese Weise.

Da fragte endlich der Fremde den Vater, wem das schöne Kind gehörte, das alle Mittag in die Kammer ginge. »Ich habe es nicht gesehen«, antwortete er, »und wüsste auch nicht, wem es gehören könnte.«

Am andern Tage, wie es wiederkam, zeigte es der Fremde dem Vater, der sah es aber nicht, und die Mutter und die Kinder alle sahen auch nichts. Nun stand der Fremde auf, ging zur Kammertüre, öffnete sie ein wenig und schaute hinein. Da sah er das Kind auf der Erde sitzen und emsig mit den Fingern in den Dielenritzen graben und wühlen; wie es aber den Fremden bemerkte, verschwand es.

Nun erzählte er, was er gesehen hatte, und beschrieb das Kind genau, da erkannte es die Mutter und sagte: »Ach, das ist mein liebes Kind, das vor vier Wochen gestorben ist.« Sie brachen die Dielen auf und fanden zwei Heller, die hatte einmal das Kind von der Mutter erhalten, um sie einem armen Manne zu geben, es hatte aber gedacht: »Dafür kannst du dir einen Zwieback kaufen«, die Heller behalten und in den Dielenritzen versteckt; und da hatte es im Grabe keine Ruhe gehabt, und war alle Mittage gekommen, um nach den Hellern zu suchen. Die Eltern gaben darauf das Geld einem Armen, und nachher ist das Kind nicht wieder gesehen worden.

Zum Vorlesen eignen sich auch noch andere Märchen der Gebrüder Grimm, zum Beispiel »Die Boten des Todes«, »Der Gevatter Tod«, »Sterntaler«, »Schneewittchen« und »Frau Holle«.

Von Ludwig Bechstein stammt das Märchen »Das Tränenkrüglein«:

Das Tränenkrüglein

Es waren einmal eine Mutter und ein Kind, und die Mutter hatte das Kind, ihr einziges, lieb von ganzem Herzen und konnte ohne das Kind nicht leben und nicht sein. Aber da sandte der Herr eine große Krankheit, die wütete unter den Kindern und erfasste auch jenes Kind, dass es auf sein Lager sank und zum Tod erkrankte. Drei Tage und drei Nächte wachte, weinte und betete die Mutter, die nun allein war auf der ganzen Gotteserde, ein gewaltiger und namenloser Schmerz, und sie aß nicht und trank nicht und weinte, weinte wieder drei Tage lang und drei Nächte lang ohne Aufhören und rief nach ihrem Kinde.

Wie sie nun so voll tiefen Leides in der dritten Nacht saß, an der Stelle, wo ihr Kind gestorben war, tränenmüde und schmerzensmatt bis zur Ohnmacht, da ging leise die Türe auf, und die Mutter schrak zusammen, denn vor ihr stand ihr gestorbenes Kind. Das war ein seliges Engelein geworden und lächelte süß wie die Unschuld und schön wie in Verklärung. Es trug aber in seinen Händchen ein Krüglein, das war schier übervoll. Und das Kind sprach: »Oh lieb Mütterlein, weine nicht mehr um mich! Siehe, in diesem Krüglein sind deine Tränen, die du um mich vergossen hast; der Engel der Trauer hat sie in diesem Gefäß gesammelt. Wenn du noch eine Träne um mich weinest, so wird das Krüglein überfließen, und ich werde dann keine Ruhe haben im Grabe und keine Seligkeit im Himmel. Darum, oh lieb Mütterlein, weine nicht mehr um dein Kind, denn dein Kind ist wohlaufgehoben, ist glücklich, und Engel sind seine Gespielen.«

Damit verschwand das tote Kind und die Mutter weinte hinfort keine Träne mehr, um des Kindes Grabesruhe und Himmelsfrieden nicht zu stören.

Eine Geschichte von Herbert Hahn finde ich für Kinder ab 9 Jahren besonders geeignet. Deshalb habe ich sie immer bei mir und lese sie vor allem dann gern vor, wenn der Todesfall noch ganz frisch ist:

Das goldene Kästchen

Nach einem Motiv des Johannes von Damaskus

In einem goldenen Haus lebte ein Vater mit vielen Kindern. Eines Tages sprach er zu seinem Sohne: »Nun ist es Zeit, dass du dich auf die Wanderschaft begibst!« Er führte den Sohn zu einer Treppe, die mit schier unendlichen Stufen nach unten führte. Eine Zeit lang begleitete er ihn, dann aber sprach er: »Von jetzt an musst du alleine gehen, aber ein Ding kann ich dir mitgeben, auf das du wohl achten sollst.« Und er gab seinem Sohn ein goldenes Kästchen und sprach: »Trage es immer bei dir. Es wird dich schützen und leiten, doch öffne es nie, bis du wieder zu mir zurückkommst!«

Damit verabschiedete sich der Vater und der Sohn stieg beherzt die unendlich vielen Stufen hinab. Als er unten angekommen war, wollte er noch einmal zurückblicken. Wie erstaunt war er, dass da nichts mehr zu sehen war. Wo er eben noch frei geschritten war, erhob sich eine glatte schwarze Wand. Vor ihm aber dehnte sich das weite Meer.

Als er so weder vor noch zurück konnte und ihm gerade so recht elend ums Herze wurde, sah er, dass vom Wasser aus ein Boot auf ihn zukam. Ein Boot ohne Ruder, ohne Steuer, ohne Mast. Es stieß leicht an den Strand und schien ihn aufzufordern, doch einzusteigen. Er dachte sich: »Einen anderen Weg gibt es ja doch nicht«, und stieg ein. Er konnte aber weder stehen noch sitzen – er musste sich hinlegen, und sogleich setzte sich das Boot in Bewegung. Rasch ging es über das Meer hinaus, zuerst ganz ruhig, dann immer bewegter. Wind kam auf, und das Boot schwankte wie eine Nussschale hin und her. Der Sohn begann schon, sich zu fürchten und drückte das goldene Kästchen fest an sich, damit er es nicht verliere. Da beruhigte sich das Meer und das Boot trug ihn an den Strand einer großen Insel.

Kaum hatte er das Land betreten, als er von einer großen Schar von Menschen umringt wurde, die aufgeregt riefen und jubelten: »Ein neuer König – wir haben einen neuen König!!!« Ehe er es sich versah, hatte er eine Krone auf dem Haupt, einen purpurnen Mantel um die Schultern und ein Zepter in der Hand. Und unter Jubelrufen wurde er hochgehoben und davongetragen. Mit Musikanten und Trommlern und viel Jubelgeschrei kamen sie zu einem Schloss. Eine Festtafel wurde gedeckt, leckeres Essen und köstliche Getränke aufgetischt, und ein rauschendes Fest begann.

Niemand schien sich darum zu bekümmern, dass derjenige, dem dieses Fest galt, mit fragenden, schier entsetzten Augen dasaß. Der Lärm wurde immer unerträglicher, und der Sohn wusste nicht, was er von alledem halten sollte.

Da entdeckte er in der Menge einen alten Mann mit weißem Haupthaar und Bart. Der saß ganz stumm und ernst da und schien dem König gütig, ja fast ein wenig traurig zuzulächeln. Da stand der Sohn leise auf, ging zu ihm und bedeutet ihm, dass er ihn gerne etwas gefragt hätte. Sie gingen in ein abgelegenes Gemach. »Kannst du mir vielleicht sagen, was das alles bedeuten soll?«, fragte der Sohn. »Ich kann es«, erwiderte der Alte. »Bin ich denn wirklich ein König?«, rief der Sohn bestürzt. »Du bist es, doch nur für kurze Zeit.«

Und nun erzählte der Alte, dass jedes Jahr ein Fremdling auf die Insel geworfen werde, der dann als König schalten und walten könne nach Lust und Laune, der kleinste Wunsch werde ihm erfüllt. »Doch wenn das Jahr herum ist, hat die Herrlichkeit ein Ende«, fuhr der Alte fort. »Dann kommen die gleichen Leute, die ihrem König zugejubelt hatten, stoßen ihn vom Thron, reißen ihm den Königsmantel vom Leib, und rauben ihm das Zepter. Arm, wie er gekommen war, muss er an den Strand der Insel gehen, da kommt dann ein Boot, in dem man weder stehen noch sitzen kann, nur liegen. Es nimmt ihn mit sich und bringt ihn auf eine einsame Insel. Dort ist alles grau, öde, stumm und leer. Kein Baum, kein Strauch, kein Grashalm wächst dort, kein Würmlein in der Erde, kein Mücklein in der Luft, dort hat noch nie ein Vogel gesungen.«

»Aber das ist ja furchtbar«, rief der Sohn. »Was soll mir die ganze Herrlichkeit, das Feiern und die Musik! Gibt es da keinen Ausweg?«

»Ich habe gesagt, was zu sagen mir erlaubt ist. Das andere musst du selbst finden«, sagte der Alte mit einem gütigen Leuchten in seinen Augen. Der junge König dankte seinem Ratgeber und befahl sogleich, dass das Fest zu Ende sei und schickte alle nach Hause.

Er selbst zog sich in sein Schlafgemach zurück und bedachte die Situation. Er beschloss, keine Angst zu haben, legte das goldene Kästchen unter sein Kopfkissen und schlief ein.

In der Nacht hatte er einen Traum. Er hörte eine Stimme, die ihm sehr vertraut war, die sprach: »Gehe zu den Alten und den Kranken und zu denen, die einsam sind.« Als er erwachte, wusste er, was zu tun war. Er schlug alle Angebote zu diversen Belustigungen aus, wählte sich eine einfache Kutsche, nicht die goldene, und fuhr zusammen mit einem Arzt und einem Diener los. Er ging in die Hütten der Armen, stand an manchem Krankenbette und stieg in die dunklen Kerker hinab zu manchem Gefangenen, der schon von allen Menschen vergessen war.

Es gab viel zu tun für ihn, immer wieder klangen die Worte des Traumes in ihm nach. Die Leute vom Schloss wurden mürrisch und ungehalten – ganz anders war es im weiten Umkreis der Insel. Da erhellten sich die Gesichter, und Freude zog ein in die Hütten.

So war bald ein halbes Jahr vergangen. Gelegentlich sah der König den Alten, und da dieser ihn freundlich anblickte, wusste er, dass er auf dem rechten Weg war. Doch bei der letzten Begegnung hatte der Greis sorgenvoll geblickt. Da fragte ihn der König: »Habe ich recht getan oder nicht?«

»Ich glaube schon, dass du recht getan hast, aber vielleicht ist noch nicht alles geschehen, was geschehen sollte«, sagte der Alte.

Mehr konnte der König nicht erfahren, aber er dachte viel darüber nach, und da fiel ihm ein, dass er das goldene Kästchen schon lange nicht mehr unter sein Kopfkissen gelegt hatte. Gedacht – getan.

In der nächsten Nacht hörte er wieder diese vertraute Stimme, die sagte zu ihm: »Lass Schiffe bauen, rüste sie aus mit dem, was sprossen, blühen und fruchten kann. Lass sie hinaus aufs Meer fahren – kein Mensch sei an Bord!« Da ließ er Schiffe bauen, ließ sie aufs Meer fahren, völlig unbemannt, aber befrachtet mit Saatgut, jungen Obstbäumen und sonst noch vielem, was sprossen, blühen und fruchten kann.

Immer, wenn ein Schiff abging, stand der König am Strand und blickte ihm nach. Im Übrigen aber besuchte er weiterhin die Armen, die Kranken und die Einsamen.

Dann kam der Jahrestag heran. Er wusste von dem alten Mann, dass man ihm nun Mantel, Krone und Zepter abreißen und ihn zum Strand fortjagen würde. Stattdessen kam nur ein Mann, den er vom Kerker befreit hatte und der ihm sagte »Nun darfst du selbst deine Krone, dein Zepter und deinen Mantel ablegen und dich auf den Weg zum Strand machen.«

So nahm er seine Krone, seinen Mantel und sein Zepter ab, grüßte seine Freunde auf dem Weg zum Strand mit Namen, und mit einem Scherz stieg er in das unbemannte Boot. Und da er darin weder stehen noch sitzen konnte, legte er sich hin und schlief ein. Er wachte auf, weil sein Boot an etwas anstieß, und als er rausblickte, sah er ein anderes Ufer in einer wunderbaren Welt voller Licht.

Er war erstaunt, denn der Alte hatte ihm doch vorausgesagt, dass er in einer Wüste landen würde. Stattdessen war er auf einer Insel mit wunderbaren Pflanzen und Bäumen voller Früchte, und auf einmal erkannte er, dass diese die Früchte seines Lebens sind, die er von seiner Erdenreise schon als Samen vorausgeschickt hat. Sein Engel und viele liebe Menschen, die ihm auf dieser Reise vorausgegangen sind, empfingen ihn.

Er schaute über das Meer und sah eine Treppe in den Himmel hinaufragen, und er erinnerte sich, dass er auf dieser Treppe vor Beginn seiner Erdenreise heruntergekommen war. Er wusste, dass er sie wieder hinaufgehen musste, und oben im goldenen Haus angekommen, wurde er vom Vater empfangen, der sagte: »Willkommen zurück im goldenen Haus. Vor Antritt deiner Erdenreise hast du ein goldenes Kästchen bekommen, das du bei dir getragen hast, das du aber nie öffnen durftest, das dich geleitet und geschützt hat. Nun darfst du es öffnen.«

Er öffnete es und sah auf dem Boden des Kästchens das goldene Haus, aus dem er gegangen war, um seine Erdenreise anzutreten. Das hatte er also die ganze Zeit mit sich herumgetragen. In dem Deckel aber sah er seine ganze Erdenreise und all die Menschen, die er getroffen hatte, aber sie bewegten sich. Und mitten unter ihnen befand sich der alte Mann, der ihm zuzwinkerte.

Auch der Vater lächelte gütig: »Siehst du, sie alle trägst du nun mit dir im goldenen Kästchen, wie du das Vaterhaus mit dir getragen hast. Je mehr du ihnen in Dank und Liebe gedenkst, desto näher werden sie dir sein. Du hast deine Wanderschaft gut vollbracht. Doch nun komm ins Vaterhaus: Es ist gut, dass du eine Weile rastest, ehe ich dich wieder auf den Weg schicke.«

»Die Kinder waren ständig mit dabei«

Die Berliner Künstlerin Vera M. verlor ihren Mann Jim vor über zehn Jahren. Die gemeinsamen Kinder waren damals gerade drei und vier Jahre alt. Hier schildert sie, wie sie die Zeit vor dem Tod und die Bestattung erlebt hat.

Jim starb am 9. November 2007, da war er gerade vierzig Jahre alt. Er hatte Darmkrebs, dreieinhalb Jahre lang hat sich das hingezogen. Als die Diagnose gestellt wurde, waren schon Metastasen vorhanden, deshalb schwang die Todesnähe von Anfang an mit. Das hat uns natürlich ziemlich aus den Angeln gehoben. Wir waren gerade dabei, eine Familie zu gründen: Unsere Tochter war ein Jahr, unser Sohn erst drei Monate alt.

Nach der Operation gab es eine zehn Monate lange Phase, wo der Krebs weg war und wir Hoffnung schöpften. Aber dann kam er mit Lungenmetastasen machtvoll zurück. Als Jim an der Lunge operiert wurde und es Komplikationen gab, sagte er zum ersten Mal: »Ich kann nicht mehr, und ich will nicht mehr.« Da wurde mir bewusst, dass er sterben wird. Er hatte aufgehört zu kämpfen. Das war ein halbes Jahr vor seinem Tod, an Ostern 2007.

Zu dieser Zeit hatte er bereits eine ziemliche Tortur hinter sich, mit vielen Chemotherapien und Bestrahlungen, die er nur unseretwegen auf sich nahm. Er hoffte immer, dass er dann noch ein bisschen länger bei uns bleiben kann. Das fand ich sehr mutig von ihm, wobei ich ihm das heute nicht mehr raten würde. Diese ganzen Krankenhaus- und Ärzteerfahrungen waren schlimmer als die Krankheit selber – zumindest für mich, aber ich glaube, auch für ihn. Ich habe das mitgemacht, er hatte sich nun mal so entschieden, und uns fehlte ja komplett die Erfahrung. Wir vertrauten den Ärzten und standen ansonsten dem Ganzen reichlich hilflos gegenüber.

Als auch die Bestrahlungen nichts mehr brachten, ging es nur noch darum, dass er einigermaßen gut sterben kann. Aufgrund der Hirnmetastasen war ihm immer wieder schwindlig und übel. Irgendwann sagte er zu mir, er wolle in die Schweiz fahren und dort Sterbehilfe in Anspruch nehmen. In Deutschland ist das ja nicht erlaubt. Er wollte mir keinesfalls zumuten, ihn zu pflegen! Monatelang hilflos und unmündig zu sein, war für ihn eine schreckliche Vorstellung. Und vermutlich hatte er auch Angst vor dem Sterben, wen würde das verwundern? Die Möglichkeit, in die Schweiz fahren zu können, war für ihn eine Art Rettungsanker. Der nächste Schritt wäre gewesen, sich mit einem Vertreter der Organisation zu treffen. Das hat er dann aber schon gar nicht mehr in die Wege geleitet; es reichte ihm zu wissen, dass er es könnte. Mich hat das schon schockiert: Sterbehilfe ist ja noch mal etwas anderes, als jemanden in den Tod zu begleiten. Zum Glück ist es nicht dazu gekommen.

Wir haben Jim dann doch zu Hause gepflegt. Er wollte auf keinen Fall wieder ins Krankenhaus, und dank der spezialisierten ambulanten Palliativversorgung war die häusliche Pflege gut zu realisieren.

Für mich war es erschreckend, meinen Mann so hautnah in den Tod begleiten zu müssen. Bis dahin hatte ich noch nie einen Toten gesehen, nur Pseudoleichen in Filmen! Ich wusste nicht, was zu tun ist, wenn er plötzlich stirbt, wie ich darauf reagieren würde und was ich mit den Kindern machen sollte. Ich ließ es dann einfach auf mich zukommen. Es gab keine Alternative.

Dass es Jim so zuwider war, ein Pflegefall zu sein, hat sicher dazu beigetragen, dass er nur drei Wochen bettlägerig war, bevor er starb. Meine Schwiegermutter war bei uns in dieser Zeit, und die Kinder waren um ihn herum. Wir haben ganz viel bei ihm am Bett gemacht, die Kinder spielten dort, wir aßen bei ihm, und manchmal schliefen wir zu viert in diesem großen Bett, solange es eben ging. Unser Leben drehte sich um ihn.

Gegen Ende zog Jim sich immer mehr zurück und wollte niemanden mehr sehen außer mich und die Kinder. Er hatte kaum noch Interesse an der Gegenwart, er blickte mehr auf sein Leben zurück und rief sich vieles noch mal ins Gedächtnis, das war wie eine Art Rückschau.

Er starb, als meine Schwiegermutter gerade beim Einkaufen war und ich zur Tür musste, weil der Arzt klingelte. Keiner war in dem Moment bei ihm. Als ich mit dem Arzt ins Zimmer zurückkam, wussten wir sofort, dass es jetzt vorbei war. Für mich war es ein Glück, dass der Arzt da war, er strahlte eine tiefe Ruhe aus, sonst wäre ich in dieser Situation sehr hilflos gewesen. Er dachte auch an all die praktischen Dinge. Zum Beispiel zog er Jim den Ehering ab, gab ihn mir und sagte: »Den brauchen Sie viel mehr als er im Sarg.« Er wies mich auf Angela als Bestatterin hin und gab mir ihre Adresse – um diese Fragen hatte ich mich bis dahin noch gar nicht gekümmert.

Angela kam am Abend. Wir verstanden uns auf Anhieb und spürten beide eine große Nähe, ich konnte ihr voll und ganz vertrauen. Sie hat erst einmal die ganzen Verkabelungen von Jims Körper abgenommen und den Raum geschmückt. Wir stellten Kerzen auf und Blumen. Der Pflegedienst hatte Jim bereits gewaschen und ihm ein frisches T-Shirt angezogen. Angela schnappte sich die Kinder und erzählte ihnen die Geschichte vom goldenen Kästlein (siehe ab Seite 147).

Sie meinte, es wäre gut, wenn Jim noch zwei Tage bei uns bleiben könnte. Meine Schwiegereltern waren anfangs völlig entsetzt und meinten, das käme nicht infrage. Sie dachten, wir rufen den Bestatter und der macht dann alles, so wie man es eben kennt. Für mich dagegen war die Idee ein Segen – ich war sehr froh, dass ich meinen Mann noch nicht gleich hergeben musste. Später konnten sich meine Schwiegereltern doch mit der Aufbahrung anfreunden. Sie saßen lange am Bett ihres Sohnes und sagten, sie hätten nicht gedacht, dass er so entspannt aussehen und es so schön sein könnte, ihn noch bei uns zu haben. Es war deshalb schnell klar, dass er auch am zweiten Tag noch bei uns bleibt.

In der ersten Nacht schlief ich bei ihm, soweit man das schlafen nennen konnte, danach nicht mehr. Die Kinder waren weiterhin um ihn herum. Unser damals dreijähriger Sohn legte sich zu seinem Papa aufs Bett, fasste ihn an und sagte: »Papa ist ja ganz kalt!« Da konnte er den Tod im Wortsinne begreifen. Angela hat viel mit den Kindern gesprochen und ihnen Geschichten erzählt. Ich habe ihnen gesagt, dass die Seele jetzt aus dem Körper hinausgeht, und wir haben zusammen geweint und über ihn gesprochen.

Wir ließen die Tür zu dem Raum, in dem Jim lag, immer offen stehen. Die Kinder spielten meist nebenan. Zwischendurch kamen sie immer wieder zu ihrem Papa, streichelten ihn oder kuschelten mit ihm, das ging ständig hin und her. Jim lag da und hatte ein Auge noch nicht ganz geschlossen; wenn man es zudrückte, ging es immer wieder auf. Es war, als wollte er noch beobachten, was da um ihn herum vor sich ging. Darüber mussten wir oft lachen.

Wir hatten einen einfachen Holzsarg bestellt, eine ganz schlichte Kiste. Eine Menge Leute kamen, um sich von ihm zu verabschieden, und saßen an seinem Bett. Währenddessen bemalten wir den Sarg – natürlich besonders die Kinder, aber auch sonst jeder, der wollte. Viele haben sich bei mir bedankt für die Gelegenheit, das so miterleben und Abschied nehmen zu können. Einige brachten ihre Kinder mit; dieses gesamte Kommen und Gehen und Anteilnehmen war eine sehr schöne Erfahrung. Zum Schluss war der Sarg ganz bunt!

Ich bin ja Künstlerin; für mich war das Malen eine gute Gelegenheit, für eine Weile aus der Realität abtauchen zu können. Auf dieser Ebene konnten Jim und ich uns treffen und uns voneinander verabschieden. Die Kunst hat uns immer verbunden.

In diesen Tagen der Aufbahrung konnte ich richtig erleben, wie Jim mehr und mehr aus seinem Körper entwich. Nie hätte ich gedacht, dass man das so sehen kann, aber es war unverkennbar. Am Abend des zweiten Tages war er wirklich weg. Da waren wir dann auch bereit, ihn herzugeben und zu bestatten. In diesem Körper war er einfach nicht mehr – es war ein richtiges Gefühl von Abwesenheit. Der Körper und der ganze Raum wurden immer leerer, ich spürte ihn immer weniger. Auch sein Gesicht hatte sich verändert.

Wir legten ihn in den Sarg, zelebrierten eine kleine Abschiedsfeier und schlossen den Deckel. Am nächsten Morgen wurde er dann abgeholt. Die Kinder fragten, wo der Papa jetzt hingehe. Wir erklärten ihnen, dass sein Körper, in dem er jetzt nicht mehr wohnt, verbrannt wird.

Eine Woche später war die Feier im Krematorium. Für mich war es selbstverständlich, mit in den Ofenraum zu gehen, und auch meine Mutter und meine Schwiegermutter kamen mit. Die Kinder nicht. Für mich war es ein erlösender Moment, weil mir bewusst wurde, dass der Körper jetzt einen anderen Zustand annimmt. Es war stimmig, das so zu sehen und mitzuerleben.

Jims Urne haben wir dann auf einem kleinen Friedhof bei einem Bauernhof in Brandenburg beigesetzt. Dort waren wir oft gewesen, das waren unsere glücklichsten Tage. Als Verkleidung für die Urne beschichtete ich eine große Styroporkugel mit Pappmaché und beschriftete sie mit Jims Lieblingsspruch: »We rise and we are everywhere« – wir erheben uns und sind überall. Die Kugel stand während der Feier auf dem Taufbecken der Kapelle, mit vielen Blumen drum herum.

Die Feier war herzergreifend, ich musste die ganze Zeit weinen. Viele erzählten etwas über Jim, es wurde geredet, gesungen und musiziert. Es war so schön und so traurig zugleich.

Am Grab spielten zwei Alphornbläser – wir hatten im Gebirge geheiratet, da waren auch Alphörner dabei. Jeder Gast hatte aus seinem Herkunftsort einen Stein mitgebracht, sodass am Schluss auf Jims Grab viele kleine Steintürmchen standen.

Für die Beerdigung nahmen wir die Urne aus der Kugel heraus – wir hätten sie nicht mit begraben können, dafür war sie viel zu groß. Dann war die Frage: Womit senken wir die Urne ab? Normalerweise macht man das mit einem schwarzen Netz oder einer großen Zange, und beides war mir von Herzen unsympathisch. Dann hatte ich die Idee, dafür einfach ein Geschirrtuch zu nehmen, das wir schnell aus der Küche des Bauernhofs holten. Es waren sogar noch Tomatenflecken darauf – das hätte Jimmy gefallen!

Nach der Beisetzung ließen wir im Freien weiße Luftballons steigen. Bei unserer Hochzeit hatten wir rote gehabt. Jeder konnte eine Nachricht an Jim schreiben und sie dem Ballon mitgeben. Die Sonne ging unter, das Licht wurde immer goldener und die Luftballons stiegen hinauf in dieses Gold. Auf der anderen Seite stand schon der Vollmond über den Bäumen. Das war magisch.

Anschließend gab es ein großes Essen im Gutshaus und wir saßen noch den ganzen Abend und die Nacht beieinander. Die Kinder rannten überall herum, und mein Sohn ist dann vor lauter Müdigkeit auf einer Bank eingeschlafen, in voller Montur, es hat ihn einfach umgehauen. Das Bild von diesem schlafenden Kind mitten in dem Gewimmel der Beerdigung seines Vaters hatte etwas sehr Friedliches.

Für mich war dieser ganze Prozess eine riesige Hilfe. Hätte ich ein normales Beerdigungsinstitut beauftragt, wäre das für mich ganz schlimm gewesen. Ich habe Angela zu verdanken, dass ich das alles so begreifen und meinen Frieden damit machen konnte. Bis ich es wirklich verdaut hatte, hat es allerdings noch lange gedauert.

Vor Kurzem ist mein Vater gestorben, das war ganz anders als bei Jim. Ich merkte, dass ich mich inzwischen doch sehr mit dem Tod auseinandergesetzt habe, dadurch hat er für mich eine neue Qualität erhalten. Er hat nichts Schreckliches mehr, er hinterlässt kein Gefühl des Verlassenseins. Ich habe eher das Gefühl, dass die Toten einfach nur an einem anderen Ort sind.

Das Nachtreffen nach 40 Tagen

Etwa 40 Tage nach dem Himmelsgeburtstag des Verstorbenen biete ich den Angehörigen ein Nachtreffen an – als Rückblick auf das, was war, und Vorausschau auf das, was noch kommt. Es ist ein guter Zeitpunkt, um noch einmal bewusst und in aller Ruhe auf das zurückzuschauen, was wir gemeinsam erlebt haben: die Zeit der Aufbahrung, die Lebens- und Abschiedsfeier sowie die Bestattung. All die Schritte eben, die wir gemeinsam gegangen sind. Außerdem geht es darum, über die Trauerphasen zu sprechen, die noch kommen werden, ebenso wie über das künftige Zusammenleben mit den Verstorbenen (siehe Seite 170).

Die Zahl von 40 Tagen ist mit Bedacht gewählt, denn die 40-Tage-Zyklen spielen in vielen Traditionen und Ereignissen eine Rolle, allen voran in christlichen Zusammenhängen:

- Noah brauchte 40 Tage, um seine Arche zu bauen.
- Jesus meditierte 40 Tage lang in der Wüste.
- 40 Tage nach Weihnachten ist am 2. Februar Mariä Lichtmess – erst dann war früher die Weihnachtszeit offiziell beendet.
- 40 Tage dauert die Fastenzeit – von Aschermittwoch bis zur Osternacht.
- Christi Himmelfahrt ist 40 Tage nach Ostern.
- Alle 40 Tage erneuert sich unser Blut.
- Früher zogen sich Frauen nach der Geburt eines Kindes für 40 Tage zurück und kehrten erst dann mit dem Neugeborenen in die Gesellschaft zurück.
- 40 Tage nach der Geburt kann ein Neugeborenes zum ersten Mal mit seinem Blick das Gesicht der Eltern fixieren, vorher schaut es in die Ferne oder wie durch uns hindurch.

Oft ist es so, dass sich Verstorbene nach mehr oder weniger 40 Tagen zum ersten Mal wieder »melden«, zum Beispiel, indem man ihre Nähe spürt oder von ihnen träumt. Das ist ein Erfahrungswert, natürlich kann man davon halten, was man will.

Bei diesem Gespräch setzen wir uns meist an einem Nachmittag oder Abend zusammen, je nachdem, ob noch Angehörige aus anderen Städten dafür anreisen müssen. Meine erste Frage ist immer: »Wie war es für euch, wenn ihr jetzt zurückschaut?« Ich ermutige alle dazu, auch offen Kritik zu äußern, wenn etwas nicht gefallen hat oder wenn es Schwierigkeiten gab. Das kommt vor, wir sind ja alle nur Menschen, und es sollte unbedingt mit angesprochen werden!

In den zurückliegenden 40 Tagen haben die Angehörigen eine andere Beziehung zu dem Verstorbenen entwickelt und seine Präsenz anders wahrgenommen. Er ist nicht mehr in seiner sterblichen Hülle, sondern im Umkreis. Wenn ich frage, ob er sich schon »gemeldet« hat, zum Beispiel in einem Traum, dann haben die meisten etwas dazu zu erzählen.

Ich selbst habe kurz nach dem Tod meiner Mutter geträumt, dass sie und ich zusammen bummeln gegangen sind, wir hatten eine richtig schöne Zeit miteinander. Dann wollte ich nach Hause fahren und bin ins Auto gestiegen. Meine Mutter jedoch blieb draußen stehen und sagte: »Ich kann nicht mitkommen, du musst alleine zurückfahren.« Neun Jahre später passierte mir das Gleiche beim Tod meines Onkels. Er starb am selben Tag wie meine Mutter und ich hatte noch einmal diesen Traum, diesmal mit ihm. Auch er blieb vor dem Auto stehen, mit dem gleichen Kommentar.

Für mich war das Auto mein Körper – ich konnte wieder einsteigen, aufwachen und weiterleben. Für meine Mutter und meinen Onkel gab es diese Möglichkeit nicht, sie hatten keinen Körper mehr. Solche Träume sind für mich die Botschaft, dass wir uns nachts im Unbewussten auch dann noch mit den Verstorbenen treffen können, wenn es im Bewussten, im Leben, nicht mehr geht.

Manchmal ist es auch so, dass einem das Gesicht des Verstorbenen im Sarg noch nachgeht – vor allem, wenn es doch sehr anders aussah als das, das man aus dem Leben kannte. Dann empfehle ich, sich vorzustellen, das Gesicht sei von innen heraus ganz und gar mit Licht erfüllt. Das überstrahlt die erinnerten Konturen. Und der Tote ist ja ins Licht gegangen, es ist keine pure Fantasie.

Besonders typisch für so ein Nachtreffen war das Zusammenkommen mit den Angehörigen von Christine (siehe Seite 99 und Seite 113). Dabei waren ihre Tochter, ihre Schwester, ihr Bruder und ihre Eltern. Zu Beginn lag noch ziemlich viel Spannung in der Luft, weil alle unsicher waren, was jetzt auf sie zukommt. Gemeinsam haben wir uns dann die verschiedenen Schritte noch mal angeschaut, von der Aufbahrung bis zur Bestattung. Dabei mussten wir viel lachen, weil die Eltern natürlich gemerkt haben, wie sehr sie dabei über ihre konventionellen Schatten springen mussten. Das war gerade im Rückblick recht erheiternd. Mich hat beeindruckt, wie sie sich auf all das Ungewohnte eingelassen haben. Und ich habe selbst einiges dabei gelernt.

Christines Vater kam anschließend zu mir und sagte: »Weißt du, Angela, wir hatten vor diesem Termin alle die Hosen voll. Wir hatten Angst, dass der ganze Schmerz wieder hochkommt. Und dann ist es so fröhlich geworden und so bereichernd – das war wunderbar.«

Ich selbst hatte das Gefühl, als habe Christine über dem ganzen Treffen gewacht und uns geführt. Es ist ja am wenigsten mein Tun; es sind die Verstorbenen, die da die Fäden ziehen.

So sind diese Nachtreffen für alle immer wieder etwas Besonderes und auch Tröstliches für die Hinterbliebenen.

»Wir leben weiterhin zusammen, nur auf andere Art«

Paulas Mann war 83 Jahre alt, als er starb. Sie konnte ihn in seinen letzten Tagen begleiten. Angelas Bestattungskultur hielt für sie und ihre Tochter Anna viel Unerwartetes bereit.

Paula: An einem späten Morgen im Mai 2016 traf ich meinen Mann in der Küche. Er hatte nach einem Routine-Arzttermin spät gefrühstückt und seine Zeitung gelesen. Weil er so früh aufgestanden war, wollte er sich nun noch einmal hinlegen. Sehr nachdenklich fragte er mich im Vorbeigehen, ob wir jetzt weinen müssten. Das verstand ich nicht. Ich dachte, er habe wahrscheinlich etwas in der Zeitung gelesen, was er mir später noch erzählen würde – ich musste jetzt erstmal dringend zurück an meinen Schreibtisch und weiterarbeiten.

Nach zwei oder drei Stunden kam er zu mir ins Büro, da wusste ich, was er gemeint hatte. Ich sah ihm sofort an, dass etwas nicht stimmte. Er setzte sich stumm hin, mit einem Blick, der ungezielt in die Weite gerichtet war. Das musste ein Schlaganfall sein! Sofort rief ich den Notarzt. Er kam umgehend und wies meinen Mann ins Krankenhaus ein. Das war am Freitag.

Nun stand die Frage im Raum, ob noch eine Therapie versucht wird. Bei einem so ausgedehnten Schlaganfall war sie mit großen Risiken verbunden. Der Arzt sagte: »Entweder die Therapie wirkt, oder Ihr Mann wird sterben.« Es stand auf Messers Schneide, jede Minute zählte. Ich telefonierte mit unserem Hausarzt. Gemeinsam entschieden wir, das Risiko einzugehen. Mein Mann versank immer mehr in die Bewusstlosigkeit, und als ich am Abend kurz nach Hause fuhr, kam auch schon der Anruf des behandelnden Arztes: Die Therapie sei fehlgeschlagen, es stehe schlecht um ihn.

Ich fuhr sofort zurück ins Krankenhaus und sprach mit dem Arzt über das weitere Vorgehen, Patientenverfügung, all diese Dinge. Mein Mann und ich hatten dafür schon seit längerem die Weichen gestellt. Er war ja sehr viel älter als ich. Gerade erst hatte er wieder einmal eine schwere Krankheit überwunden gehabt, und ich wusste, was er in einer Situation wie dieser hier gewollt hätte: keine weiteren Maßnahmen mehr. Stattdessen sollte er sich gut fühlen und keine Schmerzen haben. Er wurde in ein Einzelzimmer verlegt, sodass ich ständig bei ihm sein konnte. Ich rief unsere Tochter Anna an, die damals noch in Mexiko lebte, und informierte sie, was passiert war. Sie wollte natürlich so schnell wie möglich kommen.

Am Samstag telefonierte ich mit einer Freundin, die mich auf das Bestatter-Netzwerk »Portadora« hinwies. Ich war sehr skeptisch, denn wenn mein Mann und ich bisher das Thema Bestattung auf dem Tisch hatten und uns die Websites der verschiedenen Unternehmen ansahen, hatten wir uns nie entscheiden können. Da war es ja auch noch nicht nötig gewesen. Jetzt aber musste ich einen Bestatter finden, und die Portadora-Website begeisterte mich spontan! Unter den verschiedenen Bestattern fiel mir Angela gleich auf, und noch am Sonntag rief ich sie an. Da lebte mein Mann zwar noch, aber sein Ende war absehbar und ich wollte schon vorher mit ihr Kontakt aufnehmen.

Sie war dann auch direkt eine große Hilfe, indem sie mir per E-Mail Texte schickte, die ich meinem Mann vorlesen konnte. Mit ihrem Wissen und ihrer Erfahrung hat sie mich dabei unterstützt, meinen Mann auf seinem Weg zu begleiten. Ich war glücklich und dankbar, dass sie genau zum richtigen Zeitpunkt in unser Leben getreten war.

Für mich war diese Sterbebegleitung eine sehr schöne Erfahrung, die ich zum ersten Mal in meinem Leben gemacht habe.

Tagsüber war ich bei meinem Mann im Krankenhaus, abends ging ich für die Nacht nach Hause – ich brauchte diesen Rückzug, um bei Kräften zu bleiben.

Am Donnerstagmorgen gegen acht Uhr ist er dann gestorben. Ich war noch nicht bei ihm, und unsere Tochter sollte erst am späteren Vormittag in Berlin landen. An diesem Morgen passierte etwas Merkwürdiges. Zu Hause in der Küche war seit dem Zusammenbruch meines Mannes alles stehen und liegen geblieben. Nichts war unwichtiger als aufzuräumen – mein ganzes Leben war ja auf »Stopp« gedrückt. Auf dem Küchentisch lag noch die Zeitung, die er morgens zuletzt gelesen hatte. Als ich jetzt mit meiner Kaffeetasse alleine am Tisch saß, fiel mein Blick auf die Zeitung – das war noch bevor das Krankenhaus anrief. Ich band die Zeitung zusammen und dachte: »Die lege ich ihm später mit ins Grab.« Er hatte nämlich eine besondere Beziehung zu dieser Zeitung, dem »Tagesspiegel«, den er immer »Nachtspiegel« nannte, weil er am Abend erscheint. Sein »Nachtspiegel« war ihm äußerst wichtig. Später stellte ich fest, dass ich offenbar genau in dem Moment zu der Zeitung gegriffen habe, als er starb.

Auf dem Weg ins Krankenhaus rief ich Angela an. Sie fragte in ihrer direkten Art, ob ich meinen Mann mit waschen und aufbahren wolle. Das war dann aber doch zu viel! Einen Toten waschen? Ich bin in einer katholischen Schule groß geworden, und jedes Mal, wenn eine der Nonnen gestorben war, mussten wir uns um sie herum scharen. Das war für mich immer gruselig. Und nun fragte mich Angela, ob ich bei der Leichenwäsche mithelfen würde!

Auch mit dem Gedanken einer Aufbahrung hatte ich mich bis dahin noch nie beschäftigt; ich wusste gar nicht, dass so etwas überhaupt möglich ist. Ich redete mich erst einmal raus und sagte, ich müsse das mit meiner Tochter besprechen. Wir vereinbarten aber, dass mein Mann in der Christengemeinschaft aufgebahrt wird, deren Raum Angela auch für Nichtgemeindemitglieder nutzen kann, wenn er nicht anderweitig gebraucht wird.

Mein Mann war nicht gläubig gewesen. Hätte ich ihn gefragt, ob er in der Christengemeinschaft aufgebahrt werden möchte, hätte er mich vermutlich für verrückt erklärt. In diesem Moment wusste ich trotzdem, dass es genau richtig war.

Eine Freundin begleitete mich ins Krankenhaus, wo mein Mann ganz entspannt in seinem Bett lag. Er hatte es über die Schwelle geschafft. Wir saßen noch eine ganze Weile im Zimmer bei ihm und redeten. Danach holte ich meine Tochter vom Flughafen ab und fuhr mit ihr zur Zentrale des Transportunternehmens. Dorthin hatte Angela in der Zwischenzeit meinen Mann bringen lassen, damit wir ihn gemeinsam für die Aufbahrung herrichten konnten. Später wurde er dann in die Christengemeinschaft überführt.

Und plötzlich hatten Anna und ich einen Waschlappen in der Hand und all die Ängste waren nicht mehr da. Es war so selbstverständlich, ihn zu waschen, anzuziehen und schön herzurichten. Wir packten alle mit an.

Anna: Für mich war dieses gemeinsame Versorgen extrem wichtig, weil ich so noch mal anders von meinem Vater Abschied nehmen konnte. Ich hatte es ja nicht geschafft, rechtzeitig vor seinem Tod da zu sein. Nun aber konnte ich ihn berühren und mit ihm sprechen. Ich hatte auch das Gefühl, dass er irgendwo noch um uns ist – er war sehr präsent in dieser Zeit. Früher hätte ich mir nicht vorstellen können, dass ich ihn zusammen mit meiner Mutter wasche. Als es dann so weit war, stand plötzlich nichts mehr infrage. Obwohl ich vorher durchaus Angst vor Leichen hatte, war es jetzt einfach etwas anderes: Das war keine Leiche in dem Sinn. Das war mein Vater! Ich habe dieses Herrichten – so seltsam es klingen mag – geradezu genossen.

Paula: Was er anziehen sollte, wusste ich sofort: seinen schwarzen Anzug und den dunklen Rollkragenpullover. Er war nie ein Krawattentyp, und so war es dennoch festlich: Er nahm in seiner »Ausgehuniform« feierlich Abschied. Das haben wir alles noch am Donnerstag gemacht, an seinem Todestag. Man entwickelt da

Energien, von denen man vorher nichts weiß. Ich lebte wie in einer anderen Welt.

Auch in den Tagen danach waren wir vollauf beschäftigt mit Organisieren und Machen und Tun. Ständig kamen SMS und Anrufe, jeder fragte etwas, dauernd musste man etwas entscheiden und in die Wege leiten. Aber es war alles gut so.

Am Abend sprachen wir mit Angela über die Beisetzung und sie sagte, aus ihrem Gefühl heraus wäre eine Erdbestattung besser als eine Einäscherung. Sie kam darauf, weil mein Mann atheistisch eingestellt war und im Unterschied zu mir nicht an ein Leben nach dem Tod glaubte. Mich wunderte das, denn eine Erdbestattung war für uns beide bislang außerhalb jeder Diskussion gewesen. Mein Mann wollte lieber verbrannt werden als »von Würmern aufgefressen«, wie er einmal gesagt hatte. Seltsam war allerdings, dass er einige Zeit vor seinem Tod das Thema noch mal angeschnitten und mich gefragt hatte, was ich von einer Erdbestattung in einem Doppelgrab halten würde. Wir hatten das Thema damals zwar nicht weiter vertieft, aber Angela hatte das offenbar im Gespür. Sie sagte, wir sollten erst einmal darüber schlafen und dann entscheiden. Am nächsten Morgen stand die Entscheidung fest: Wir würden die Erdbestattung machen, es fühlte sich gut an.

Anna: Am Freitag bemalten wir den Sarg. Mein Mann hatte in Mexiko die Handabdrücke von sich und den Kindern farbig bemalt, eingescannt und per Mail hergeschickt. So konnte ich sie ausdrucken und auf den Sarg kleben. Angela meinte, es wäre gut, wenn wir in der zweiten Nacht eine Totenwache halten würden; sie meinte, mein Vater hätte da ein bisschen Schutz nötig.

Paula: Das klang für uns zunächst etwas seltsam, aber wir nahmen es ernst und packten am späten Freitagabend unsere Sachen zusammen: Thermoskanne, Bücher zum Vorlesen, etwas zu essen – was man eben braucht für so eine Nachtwache bei einem Toten. Schon am Nachmittag war mir aufgefallen, dass sich sein Gesichtsausdruck immer wieder veränderte. Auch war ihm aus dem Mundwinkel ein bisschen Blut herausgelaufen. Anna war sehr erschrocken und schickte Angela sofort eine SMS; man denkt ja eigentlich, dass so etwas nicht mehr passieren kann. Angela beruhigte uns und sagte, das sei ganz normal, wir müssten uns keine Sorgen machen. Als wir dann am späten Abend wiederkamen, war das Blutrinnsal noch etwas stärker geworden und Angela kam vorbei. Sie legte einfach ein Tuch über den Mund, um das Blut aufzufangen, und wir lagerten den Oberkörper etwas höher.

Bei dieser Gelegenheit sagte sie: »Ich habe das Gefühl, irgendwas stimmt hier nicht, ich erlebe kein Licht, sondern Finsternis – geht es euch auch so?« Sie hatte recht: Irgendwas war seltsam, es herrschte eine unerklärlich düstere Stimmung. Als »Gegenmaßnahme« fingen wir an zu singen und zu beten. Und da kam plötzlich noch mal ein ganzer Blutschwall aus dem Mund meines Mannes, als ob etwas blockiert gewesen wäre, das sich endlich lösen konnte. Ich habe das wie eine Art Aderlass empfunden. Danach überzog ein Lächeln sein Gesicht – und sofort war das Licht spürbar, das wir vermisst hatten; die Finsternis war weg. Das alles kam uns vor wie eine Art Geburtshilfe auf dem Weg ins Licht. Wie gut, dass wir da waren!

Um zwei Uhr nachts sind wir nach Hause gefahren. Angela meinte, es wäre gut, die Aufbahrung schon am Sonnabend zu beenden und ihn zu verabschieden, nicht am Sonntag wie geplant. Ich rief also gleich am Morgen alle engen Freunde an und lud sie ein. Die meisten waren irritiert: Mein Mann und eine Verabschiedung in einer Kirche? Erst waren sie skeptisch, aber es sind doch alle gekommen, und hinterher sagten sie: »Was für eine tolle Erfahrung!«

Es war eine sehr schöne Feier. Wir standen um den noch offenen Sarg herum und jeder erzählte eine Anekdote, die er mit meinem Mann erlebt hatte. In Erinnerungen schwelgend haben wir viel gelacht, gescherzt und uns amüsiert. Keiner hatte das gedacht. Aber die »Zeremonienmeisterin« Angela hatte es geschafft, dass sich eine Heiterkeit entwickeln konnte, die alles auflockerte.

Anna hatte den Sargdeckel von innen bemalt, und wir legten ihm seinen »Nachtspiegel« mit in den Sarg. Die Kinder hatten darum gebeten, ihm ein Kuscheltier dazuzulegen, und auch die Freunde gaben ihm noch etwas mit. Er machte den Eindruck, als sei er sehr glücklich, dass alle noch mal so um ihn herum waren.

Anna: Es war eine warmherzige, schöne Atmosphäre. Wir hatten alle das Gefühl, er genießt dieses Abschiednehmen. Erst als der Sargdeckel geschlossen wurde, kam noch mal ein Moment, wo wir alle schlucken mussten.

Paula: Eine der Freundinnen musste dabei rausgehen, weil sie es nicht aushalten konnte. Das war völlig in Ordnung, es muss wirklich jedem selbst überlassen sein, was er mitmacht und was nicht. Für uns alle war das eine neue Erfahrung, wir haben ja überhaupt nicht gelernt, mit dem Tod umzugehen. Manche sagten, es sei schlimmer gewesen, beim Schließen des Sarges zuzuschauen, als selbst mit anpacken zu können. Dieses Selbermachen ist so viel besser, als tatenlos dazusitzen und zuschauen zu müssen, wie Fremde etwas tun!

Gemeinsam schoben wir dann den Sarg zum Auto, in diesen riesigen weißen Leichenwagen mit seinem beleuchteten Himmel, was uns wieder zu Scherzen motivierte. Für uns war das einfach alles stimmig. Ich hatte ja auch noch diese Woche im Krankenhaus gehabt, wo ich intensiv mit meinem Mann zusammen sein und Abschied nehmen konnte. Wir waren über vierzig Jahre verheiratet, das war eine lange Bindung. Uns war immer klar, dass er vermutlich vor mir gehen würde, dass ich alleine weiterleben müsste und nicht er. Wenn man so lange zusammen war, dann bleibt die Bindung bestehen, auch wenn einer stirbt. Und tatsächlich sind wir uns immer noch nah, nur auf eine andere Art.

In der Nacht von Sonntag auf Montag gab es ein starkes Gewitter. Als wir morgens aus dem Haus kamen, sahen wir, dass es die große Traubenkirsche im Vorgarten erwischt hatte – der Sturm hatte sie umgekippt und entwurzelt, in voller Blüte, es war ja Mai.

Mein Mann hat diesen Baum sehr geliebt. Bisher hatte er jedes Unwetter überstanden, und jetzt war er mit ihm gestorben, als ob er ihm folgen wollte. Wir schnitten viele blühende Zweige ab und stellten sie ins Wasser. Wir wollten sie bis zur Beerdigung retten und den Sarg damit schmücken.

Nun mussten wir noch einen Friedhof finden. Auch diese Frage hatten mein Mann und ich vor uns hergeschoben. Wir dachten schlicht, das hat noch Zeit.

Alle Friedhöfe in unserer Nähe passten nicht so richtig. Angela riet uns, einen anzuschauen, der ganz dicht an der Autobahn und neben der ICE-Strecke liegt. Ich hatte deshalb große Bedenken. Aber weil wir Angelas Tipps bislang immer trauen konnten, sind wir hingefahren und siehe da: Er war perfekt. Dieser Friedhof ist eine kleine Oase mitten in der Großstadt, und er passt genau zum Leben meines Mannes. Kurz entschlossen nahm ich gleich eine Doppelgrabstelle.

Für die Bestattungsfeier schrieben Anna und ich jeweils einen Brief, wie Angela es uns vorgeschlagen hatte. Das war noch mal harte Arbeit. Ich hätte mir nicht vorstellen können, dass ich einmal bei der Bestattungsfeier für meinen eigenen Mann eine Rede halten würde. Aber man wächst mit seinen Herausforderungen, und so stand ich also da, mitten in dieser Halle mit all den vielen Menschen, und las meinen Brief vor. Die zentrale Aufgabe war, meinem Mann eine richtig schöne Abschiedsfeier zu bereiten. Später würde ich noch genügend Zeit zum Trauern haben.

Der Sarg sah wunderschön aus. Die üppig weiß blühenden Äste der Traubenkirsche hatten durchgehalten. Mit ihnen und zusätzlich mit Korn- und anderen bunten Sommerblumen hatten wir den Sarg vor der Feier geschmückt. Durch dieses Mitgestalten wurde uns die Kapelle vertraut; aktiv etwas für den Toten zu tun, macht die Situation wesentlich leichter.

Es gab mehrere Reden, es wurde Akkordeon gespielt und gesungen, in der Kapelle und draußen. Auch das hätte ich mir vorher nie vorstellen können. Bis dahin fand ich Livemusik nie wichtig – erst hier wurde mir klar, wie groß der Unterschied ist.

Anna: Ich fing an, meinen Brief vorzulesen, aber ich kam nicht weit, dann versagte mir die Stimme, und meine Freundin hat übernommen. Das hatten wir schon vorher abgesprochen.

Paula: Anschließend haben wir noch zu einem kleinen Essen eingeladen. Viele sagten uns später, dass sie noch nie so eine tolle Beerdigung erlebt haben. Nur einige wenige vermissten das klassische Programm.

Bei dem Nachtreffen nach vierzig Tagen fragte mich Angela, ob ich in ihre Montagsgruppe »Das nachtodliche Leben« kommen wollte. Anfangs verstand ich dort überhaupt nichts, aber ich war neugierig und bin ein zweites Mal hingegangen. Seither bin ich dabeigeblieben. Es ist einfach spannend, sich mit dem Leben nach dem Tod zu beschäftigen, und man begreift dadurch auch viel mehr vom Leben.

Morgens gehe ich immer mit dem Hund übers Feld. Früher war das die Aufgabe meines Mannes, jetzt ist es meine – und jeden Tag eine gute Gelegenheit, ihm nahe zu sein. Ich fühle mich nicht verlassen. Der Begriff »Witwe« ist so negativ besetzt, das ist ein Klischee, das nichts mit mir zu tun hat. Unsere Wege haben sich getrennt, und doch sind wir noch zusammen, irgendwie. In diesem Sinne bin ich eine durchaus »glückliche Witwe«!

Mit den Verstorbenen leben

Das erste Jahr nach dem Tod eines lieben Menschen ist für die Hinterbliebenen besonders schwierig, weil man sich ständig daran erinnert, was im Jahr davor war, als der Verstorbene noch am Leben war.

Nach all der Betriebsamkeit rund um die Bestattung ist Ruhe eingekehrt. Viele Menschen fallen dann in ein großes Loch und werden massiv mit dem Verlust konfrontiert. Die Trauer darüber verläuft meist in mehreren Etappen, ähnlich wie Elisabeth Kübler-Ross sie für das Sterben formuliert hat:

1. Isolation und Nicht-wahrhaben-Wollen
2. Zorn und Ärger
3. Verhandeln
4. Depression
5. Zustimmung

Natürlich geht jeder anders mit diesen Phasen um und hat eigene Bedürfnisse für die Bewältigung der neuen Lebenssituation. Die einen vergraben sich zu Hause und wollen von niemandem etwas wissen. Andere stürzen sich in die Arbeit, um sich abzulenken und die Trauer bzw. den Verlust nicht spüren zu müssen.

Es kann durchaus sinnvoll sein, sich für eine gewisse Zeit krankschreiben zu lassen, wenn es einem nicht möglich ist, unter Menschen zu gehen oder sich auf die Arbeit zu konzentrieren. Vielleicht hilft es, zu verreisen – eine andere Umgebung, neue menschliche Kontakte, ein anderes Klima können dazu beitragen, sich von den Anstrengungen zu erholen, sich neu zu orientieren und den Blick nach vorne zu richten.

Das Ganze ist ein bei jedem Menschen unterschiedlich lange dauernder Prozess, mit Hochs und Tiefs, mit Verzagtsein und

Rückzug, aber schließlich auch mit Zuversicht und neuem Lebensmut. Das Leben wird nie wieder so sein, wie es vorher war, und es dauert seine Zeit, bis man wieder zu sich kommt und die Weichen neu stellen kann.

Das Café Tod

Wenn man merkt, dass man mit niemandem über den Tod sprechen kann, oder wenn man in Gesprächen mit Freunden und Bekannten nicht das richtige Echo findet, ist das Café Tod eine gute Möglichkeit, um andere Menschen in ähnlicher Situation zu treffen.

Das Konzept stammt von dem Schweizer Soziologen und Museumsdirektor Bernard Crettaz, der 2004 erstmals in Neuchâtel in der Schweiz ein »Café mortel« ins Leben rief. Bei Kaffee und Kuchen sollten Menschen miteinander über den Tod ins Gespräch kommen. Sechs Jahre später machte der Brite Jon Underwood aus der Idee ein soziales Franchise-Unternehmen, das sich schnell verbreitete: das »Death Café«. Inzwischen gibt es fast 5 000 solcher Cafés in 50 vorwiegend englischsprachigen Ländern und Westeuropa.

Die Entstehungsgeschichte des Berliner Café Tod ist eng mit Lydia verknüpft, einer Portugiesin, die an Krebs erkrankt war und sich zur Behandlung in Berlin aufhielt. Ich lernte sie kennen, weil sie in Portugal Biosärge vertrieb (siehe Seite 67). Lydia erzählte mir vom »Café mortel« – und ich war sofort Feuer und Flamme –, so etwas gab es meines Wissens in Deutschland noch nicht. Die Idee, Menschen die Möglichkeit zu geben, bei Kaffee und Kuchen unbefangen über den Tod zu plaudern, begeisterte mich ebenso wie Bernd Boßmann, der auf dem Alten St.-Matthäus-Friedhof das erste Friedhofscafé Deutschlands gegründet hatte. Er schlug dafür den Namen »Café Tod« vor, weil das Wort »Tod« bei uns so tabu ist.

Als wir am 6. April 2013 im Café Finovo zum ersten Mal ein Café Tod veranstalteten, war Lydia mit ihrem Mann dabei. Sie stellte die Verbindung zu Bernard Crettaz her, der für das zweite Café Tod nach Berlin kam. Auch eine Zeitungsjournalistin war anwesend, die darüber berichten wollte. Lydia war da schon wieder in Lissabon. Zwei Tage, bevor das Café Tod zum dritten Mal stattfand, erschien der Artikel der Journalistin im *Tagesspiegel* – und Lydia starb in Portugal. An diesem Tag, es war der 28. Juni 2013, war das Café Tod so gut besucht wie noch nie: fünfzig Teilnehmer*innen waren gekommen und dazu ein Team der Nachrichtensendung »Abendschau« des Fernsehsenders RBB. Offenbar hatte Lydia ganze Arbeit geleistet – ihre Bestattungsfeier hatte am Vormittag in Lissabon stattgefunden!

Seit geraumer Zeit findet das Café Tod jetzt einmal im Monat bei den »Funeral Ladies« in Berlin-Schöneberg statt (Adressen siehe Seite 204). Das Prinzip ist: Jeder kann kommen, es kostet keinen Eintritt, niemand macht Profit damit, und keiner darf zu irgendetwas gezwungen werden. Im Café Tod findet keine professionelle Trauerbegleitung statt; es bietet einfach nur die Möglichkeit, miteinander über Sterben und Tod zu sprechen – die Gelegenheit, die eigenen Erlebnisse mit anderen zu teilen, sich Belastendes von der Seele zu reden, ohne zu erwarten, dass jemand etwas dazu sagt oder mit klugen Ratschlägen daherkommt. Es geht darum, die Angst zu verlieren, über den Tod zu sprechen, auch über schmerzliche Erfahrungen, den Verlust, das Alleinsein. Das kann uns helfen, das Leben, die begrenzte Zeit, die wir hier auf der Erde haben, erfüllter zu leben.

In der *Berliner Morgenpost* erschien am 19. November 2017 ein Artikel über das Café Tod von Jenni Roth, den wir hier mit freundlicher Genehmigung der Autorin nachdrucken dürfen:

Keiner hat den Knall gehört. Hubert wollte keinen Aufruhr verursachen in dem kleinen Dorf bei Berlin. Die Leute sollten sich nicht das Maul zerreißen. Er hatte sich an die morsche Scheunenwand gelehnt und war dann nach unten gerutscht. Wenn er weitermachte, müsste er ohne Helga weitermachen. Wenn er weitermachte, würde er bald neben ihr stehen und sie nicht erkennen. Er wäre mit ihr und allein. Sie wäre mit ihm und allein. Nein, nicht mit dieser Krankheit. Nicht so ein Ende. Dann fiel der Schuss, den keiner hörte.

Das war vor zehn Jahren. Die ersten sechs Wochen ging Helga gar nicht aus dem Haus. Der Tratsch, die unsicheren Blicke – das wollte sie sich nicht antun. Heute redet sie ganz offen über den Selbstmord ihres Mannes, der nicht mit der Demenz weiterleben wollte: An einem Samstagnachmittag in Schöneberg, im Café Tod.

Es sind nur drei Buchstaben, aber sie sind schwer auszusprechen. Vor allem mit einem »Café« davor: »Nein, am Samstag kann ich nicht, da gehe ich ins Café Tod.« Klingt morbide. Nach Gruft, in der es nach Verwesung riecht und maximal abgestandenen Filterkaffee gibt. Aber bestimmt keinen Streuselkuchen.

Angela Fournes hat gebacken. Weil Essen, Ernährung, für das Leben steht, findet die Gastgeberin. Weil das Leben zum Tod gehört, oder umgekehrt. Fournes ist 56 Jahre alt, in Mexiko aufgewachsen und war schon mit 20 Jahren Vollwaise. Seither hat der Tod sie nicht mehr losgelassen. Und sie hat sich mit ihm verbündet. Was aus der Not entstanden ist, fühlt sich heute ganz natürlich an. »Nur mit dem Tod ist man ganz«, sagt sie und macht gleich am Anfang klar: Das hier ist keine Trauerrunde, es ist auch kein morbider Kaffeekranz und keine Therapiestunde. Sondern ein Raum für Fragen, Diskussionen. Ein Schritt hin zu einem menschlicheren, normaleren Umgang mit dem Tod.

Also erst mal Kaffee trinken. Angela Fournes schenkt ein, ihre grauen Haare fallen ihr in einer großen Locke ins Gesicht, sie trägt einen breiten Schal um die Schultern und weite Kleidung in warmen Farben, überhaupt ist ihre ganze Person unheimlich warm und so weit entfernt vom Tod. Dabei ist sie ganz nah dran an ihm, jeden Tag. Seit zehn Jahren arbeitet sie als selbstständige Bestatterin. Und nennt sich Hebamme – weil sie den Menschen den Übergang in den Tod, in einen neuen Abschnitt, erleichtere. »Jede Geburt wird so minutiös geplant«, sagt Fournes. »Aber auf den Tod bereitet sich keiner vor.«

Vorstellungsrunde. An diesem Samstag sind nur fünf Frauen da, mittleres Alter. Sonst sind es mehr, aber meistens sind die Frauen in der Überzahl. Helga eben, die vor zehn Jahren ihren Mann verloren hat. Noch zwei Witwen. Eine Mittfünfzigerin, die letztes Jahr ihre Mutter verloren hat. Helga macht den Anfang: »Ich habe mich auf Facebook geoutet und gepostet, dass ich ins Café Tod gehe«, sagt Helga. Provozieren, mit so einem Post?

Tatsächlich setzen sich zwei Drittel der Deutschen nach einer GfK-Studie von 2010 nicht mit dem eigenen Lebensende auseinander, und nur gut die Hälfte der über 70-Jährigen hat sich Gedanken über die eigene Bestattung gemacht. In Großbritannien hat es Untersuchungen gegeben, nach denen mehr als 70 Prozent es unangenehm finden, über den Tod zu reden, und weniger als ein Drittel hat mit der Familie darüber gesprochen, was passieren soll, wenn sie sterben. Helgas Mutter ist über 90 und krank. Aber sie weigert sich, über ihren Tod zu sprechen, darüber, wie und wo sie beerdigt werden soll, wer eingeladen werden soll, wer die Grabrede halten und was darin vorkommen soll. Damit ist Helgas Mutter keine Ausnahme. Auch die jüngere Generation weigert sich oft – und die Kinder müssen dann in dem Moment, in dem sie emotional so erschüttert sind wie sonst nie im Leben, Entscheidungen treffen. Eltern, die mit ihren Kindern Patientenverfügungen und Einäscherungen diskutieren, scheinen eine Ausnahme zu sein. Dabei war der Tod auch bei uns schon mal alltäglicher. Noch vor 100 Jahren waren die Familien groß, viele Kinder starben früh, oder die Frauen bei der Geburt. Heute leben wir länger, viele werden vierzig Jahre alt, ohne einen engeren Verwandten verloren zu haben. Da ist es einfach, den Tod von sich zu schieben.

Zum ersten Café Tod kamen 300 Leute. Das war 2004 beim Café mortel im schweizerischen Neuenburg. Danach gründete der Brite Jon Underwood das Death Café in London – bei sich zu Hause, weil kein Café den Tod bei sich haben wollte. Underwood fand es unhaltbar, dass die westliche Gesellschaft Diskussionen über den Tod an Ärzte, Pfleger, Pfarrer und Unternehmer aussourcte und damit die Kontrolle über eines der einschneidendsten Ereignisse in unserem Leben abgab. Mittlerweile hat Underwood einen Leitfaden zusammengestellt für Menschen, die weitere Cafés gründen wollen. »Social Franchise« nennt er das, mit mittlerweile 17 dieser Treffen deutschlandweit. In Berlin hat Angela Fournes das monatliche Café mit begründet, erst im Café Finovo auf dem Alten St.-Matthäus-Kirchhof. Weil dort aber immer wieder Beerdigungen dazwischenkamen, verlegte sie das Treffen zu den Bestatterinnen der »Funeral Ladies« in Schöneberg.

Hier gibt es einen freundlichen Raum mit Blick in den grünen Hof. Fast alle in der Runde haben einen geliebten Menschen verloren, den Partner oder die Mutter, und es geht erst mal darum, wie der Tod das Leben der Hinterbliebenen verändert und um den Umgang mit der Trauer. »Ich hasse Friedhöfe«, sagt die eine. Die andere geht hin, immer wieder, um ihrem verstorbenen Mann nahe zu sein. »Wo Schmerz ist, ist Entwicklung«, sagt Frauke, Ende 50. Sie ist in Sportklamotten da, für die Zumbastunde im Anschluss. »Mit dem Tod öffnet sich auch für uns was. Man muss sich neu organisieren, neues Kapitel.« Ihr Mann ist vor zwei Jahren gestorben, und sie versucht, aktiv zu bleiben, nicht vor dem Tod zu kapitulieren. »Nach fünf Jahren lässt der Schmerz nach«, da ist Fournes sicher: »Beobachten Sie das mal, Krisen, Beziehungen und Trauer ändern sich im Fünfjahres-

rhythmus. Wir feiern nicht zufällig den 25. oder 50. Hochzeitstag.« Aber eine Bedienungsanleitung gibt es nicht, nicht für das Sterben und nicht für die Trauer, die immer auch etwas Egoistisches ist, findet Fournes: »Wenn jemand stirbt, spiegelt das die eigene Sterblichkeit. Aber man kann auch anders damit umgehen: In Mexiko ist der Tod unser Freund, wir haben immer einen Jour fixe mit den Toten.«

Bei uns sind Beerdigungen eine Trauerveranstaltung. Fournes erzählt von einer Frau, die darauf bestand, dass kein Gast von außerhalb des S-Bahn-Rings zur Beerdigung anreisen sollte: Sie selbst hatte es gehasst, in der ganzen Republik bei den immerselben deprimierenden Feiern am Tisch zu sitzen, und wollte außerdem für ihre Trauerrede nur einen einzigen Satz. »Das war so dicht«, sagt Fournes. »Das war so eine starke Stille, sie war so sehr da.« Die Bestatterin wirbt für eine Sterbekultur, in der das Abschiednehmen auch etwas Erfüllendes und Heilsames sein kann. Und davon will sie etwas im Café Tod vermitteln.

Ziemlich bald sitzen in Schöneberg wildfremde Menschen zusammen, die privateste Fragen austauschen, als würden sie sich ein Leben lang kennen. Helga weiß nicht, wie sie ihre Mutter bei der Beerdigung verabschieden soll. »Schreiben Sie auf, wie Sie Ihre Mutter wahrgenommen haben«, sagt Fournes. »Lieber nicht«, sagt Helga. Sie lacht. Die anderen auch. »Ich glaube, die lebt immer noch, weil sie immer noch nicht kapiert hat, was ihre Aufgabe hier auf der Erde ist.« Es ist noch nicht mal eine Stunde um, und die Runde ist beim Übersinnlichen angelangt.

Jeder kennt diese Geschichten: Wenn jemand stirbt, bleiben Uhren stehen, oder der Fernseher geht aus. Tatsächlich kann Fournes unzählige Anekdoten über Menschen erzählen, die erst starben, nachdem sie noch etwas erledigt hatten. Ein Mann mit einem Hirntumor starb erst, als seine Frau es über sich brachte, zu sagen, »du darfst gehen«. Eine alte Frau blieb so lange am Leben, bis ihre Pflegerin versprach, sich um ihren Kater zu kümmern. Im Hospiz kämpfte eine Frau so lange mit dem Tod, bis jemand herausfand, dass sie einen Sohn hatte, mit dem seit zwanzig Jahren Funkstille herrschte. Als er dann kam, konnte sie sterben. Andersherum hat Fournes erfahren, dass Menschen oft spüren, wenn sie sterben werden – ohne sich dessen bewusst zu sein. Bei einem frisch verliebten Paar wiederholte er plötzlich panisch immer wieder, dass er sie nicht verlieren wolle. Kurze Zeit später war er tot.

Aber trotzdem nicht weg, da ist Fournes sicher. Für sie ist klar, dass beim Tod nur der Körper stirbt. Es gibt diesen Witz: »Unterhalten sich Zwillinge im Bauch. Fragt der eine: ›Glaubst du an ein Leben nach der Geburt?‹« Trotzdem: Nicht so einfach, an etwas zu glauben, was man nicht kennt oder erfahren hat. Findet wohl auch Woody Allen, der einmal gesagt hat: »Ich glaube zwar nicht an ein Leben nach dem Tod, aber für alle Fälle nehme ich immer Unterwäsche mit.«

Die Frauen im Café Tod sind sicher, dass es da etwas gibt. Dass die Toten nicht verschwunden sind. Helga zum Beispiel ist überzeugt, dass es Hubert war, der ihr nach drei Jahren einen neuen Partner schickte: »Der kam vor sieben Jahren einfach zur Gartenpforte rein. Seither sind wir zusammen.« Manchmal nennt sie ihn aus Versehen Hubert. Ihr neuer Mann lacht dann und sagt: »Es ist mir eine Ehre.« Für ihn sei klar, dass sie zu dritt leben in dem Haus.

In dem Nachmittag liegt jetzt so eine Ruhe und Selbstverständlichkeit, dass man das nicht nur glauben möchte, sondern auch wirklich anfängt, daran zu glauben. Und an die Geschichten aus der Bibel erinnert wird – auch wenn es hier nicht um die leibhafte Wiederauferstehung der Toten geht. So oder so fühlt man sich nach drei Stunden Thema Tod viel lebendiger. Und es bleiben so viele Fragen für das nächste Café. Was man aber gleich erledigen kann: Die »Bucket List« aus der Schublade holen. Also all die Dinge, die man gern machen würde, bevor man stirbt. Und direkt damit anfangen.

Für mich sind die Verstorbenen eine Realität, mit der wir jederzeit in Kontakt treten können. Wir müssen offen sein für diese Sicht und dafür, dass es den Verstorbenen auf der anderen Seite gut geht. Rudolf Steiner sagte einmal in einem Vortrag am 10. Oktober 1913:

»Der Tod ist etwas, was am allermeisten zwei total voneinander verschiedene Seiten hat. Der Tod von hier aus, von der physischen Welt aus gesehen, hat gewiss viele trostlose Seiten, viele schmerzliche Seiten. Aber es ist wirklich so, dass man von hier aus den Tod von der einen Seite nur ansieht; wenn man aber gestorben ist, sieht man ihn von der anderen. Da ist er das befriedigendste, vollkommenste Ereignis, das man überhaupt erlebt, denn er ist da lebendige Tatsache.«

Wenn wir die Verstorbenen in unser Leben integrieren, können sie uns oft Wegweiser und Hilfe sein. Wir können Fragen oder Probleme mit in den Schlaf nehmen, und vielleicht wissen wir dann am nächsten Morgen die Antwort – ich bin überzeugt, dass die Verstorbenen daran dann ihren Anteil haben.

Meine Mutter beispielsweise hatte von meinem Vater nach seinem Tod Aktien übernommen, wusste allerdings nicht, was sie damit tun sollte: verkaufen oder behalten? Sie hatte damit keinerlei Erfahrung. Schließlich bat sie meinen Vater um Hilfe. Nachts träumte sie tatsächlich von ihm, und er gab ihr genaue Anweisungen, wie sie mit dem Aktienpaket verfahren sollte. Sie hat davon sehr profitiert.

In ähnlicher Weise bitte ich die Verstorbenen um Unterstützung, wenn ich mal wieder vor unlösbar erscheinenden Fragen stehe. Die Antwort oder neue Einfälle kommen dann allerdings oft aus einer ganz anderen Richtung als erwartet – es gibt weder eine Garantie noch ein Rezept.

Zum Beispiel führte ich einmal ein Vorsorgegespräch mit

einer Frau bezüglich ihrer bereits betagten, dementen Mutter. Die alte Dame wohnte seit fünfzig Jahren in einer schönen großen Wohnung auf dem Kudamm, in der sie natürlich sterben und auch aufgebahrt werden wollte. Wir besprachen alles Notwendige, dann hörte ich erst mal lange nichts von der Tochter. An einem Sonntag rief sie dann aus einem Krankenhaus an und sagte, ihre Mutter sei gerade gestorben. Nun wünschte sie sich, sie so schnell wie möglich nach Hause zu bringen und aufzubahren. Sie reichte das Telefon weiter an den Pfleger, damit ich die Abholung mit ihm vereinbaren konnte. Der Pfleger jedoch sagte nur: »Bei uns ist noch nie jemand von der Station abgeholt worden, das wird auch jetzt nicht passieren, wenden Sie sich an die Pathologie!« … und legte grußlos auf.

Nun muss man wissen, dass ein Verstorbener normalerweise spätestens nach zwei Stunden von der Station in die Pathologie gebracht wird. Von dort holt ihn der Bestatter ab, wenn der Leichenschauschein vorliegt. Dass jemand direkt von der Station abgeholt wird, ist unüblich, weshalb die Reaktion des Pflegers verständlich war – obwohl er natürlich hätte höflicher sein können. Zumal er gewusst haben musste, dass die Pathologie an einem Sonntag nicht geöffnet hat, wir also die Verstorbene erst am nächsten Tag hätten abholen können! Ich dachte, wenn ich überhaupt etwas erreichen kann, dann nur persönlich, und fuhr sofort los. Das ist mein mexikanisches Erbe: Wenn etwas unmöglich scheint, muss man eben schauen, ob man durch Reden und Verhandeln sein Ziel erreicht.

Auf dem Weg zum Krankenhaus hielt ich Zwiesprache mit der Toten: »Wenn du möchtest, dass dein Körper heute noch nach Hause kommt, dann musst du ein Wunder geschehen lassen – ich weiß nicht, wie ich das unter den gegebenen Bedingungen schaffen soll.«

Als ich auf der Station ankam, nahm sich eine junge Ärztin des Problems an und telefonierte alle Vorgesetzten durch, bis hinauf zum Chefarzt. Am Sonntag! Leider blieb es dabei: Niemand wusste, was nötig war, damit ich die Verstorbene gleich mitnehmen konnte – inzwischen war sie bereits in die Pathologie gebracht worden. Da hatte die Ärztin plötzlich den Einfall, dass es im Krankenhaus einen ambulanten Hospizdienst gibt und dass der Koordinator dieses Hospizdienstes einen Schlüssel zur Pathologie hatte, weil er sich um die Toten kümmerte. Ihn rief die Ärztin an. Innerhalb einer halben Stunde war er da und brachte auch gleich die Lösung für die bürokratischen Fragen mit: Wir nahmen nur eine Kopie des Totenscheins mit, das Original verblieb in der Pathologie. Darauf vermerkte er, dass wir die Verstorbene mitgenommen haben, weil die Pathologie sie ja sonst als vermisst melden müsste. Am nächsten Tag sollte ich dann die Originalpapiere abholen. Auf diese Weise konnten wir die Mutter ohne Probleme gleich mitnehmen und zu Hause aufbahren. Wie eine Königin lag sie in ihrer Wohnung! Ich bin sicher, dass sie mitgeholfen hat, damit sich das doch noch ermöglichen ließ – sie hatte sich das ja so sehr gewünscht! Und die zweite Tochter, die in der Türkei lebte, konnte sie noch einmal sehen, von ihr Abschied nehmen, sie mit uns zusammen einbetten und aussegnen.

So arrangieren sich viele Dinge, wenn man die Verstorbenen mit einbezieht. Diesen Einfall, dass es einen ambulanten Hospizdienst gibt, hatte die Ärztin ja nicht von ungefähr.

Übrigens: Ich bedanke mich jedes Mal bei den Verstorbenen, wenn sie mir mal wieder unter die Arme gegriffen haben. Der Dank ist etwas sehr Wichtiges, er verbindet die Seelen.

Außerdem finde ich es eine schöne Idee, den Verstorbenen hin und wieder quasi »unsere Augen und Ohren zu leihen«. Ich zum Beispiel mache das, wenn ich in einem Konzert bin. Dann lade ich sie ein, mitzuhören. Dasselbe gilt, wenn ich etwas besonders Schönes sehe: Dann leihe ich ihnen meine Augen, damit sie diese Schönheit mit anschauen können.

Für manche mag sich das alles abstrus anhören, aber mit einer Biografie wie meiner ist es das gar nicht. Viele Hinterbliebene verstehen es sofort ab dem Moment, wenn sie eine Aufbahrung miterlebt haben. Am unverkennbarsten ist das oft in den ersten Tagen der Aufbahrung, wenn sich das Gesicht des Verstorbenen immer wieder verändert. Wie ausgeprägt das sein kann, zeigt ein Erlebnis aus der Zeit, als ich bei Uller ausgebildet wurde.

Eines Tages wurden wir zu einem frisch verstorbenen etwa 40-jährigen Mann gerufen, der einem Herzleiden erlegen war. Er hatte gerade sein Leben neu sortiert und war seit Kurzem frisch verliebt. Als wir im Abschiedsraum des Herzzentrums ankamen, wo er für einige Stunden aufgebahrt war, lag auf seinem Gesicht ein breites Lächeln. Seine Freundin war bei ihm, ganz ohne Berührungsängste. Sie war Krankenschwester und den Umgang mit Toten gewohnt. Wir überführten ihn in das Hospiz, in dem sie arbeitete und wo er aufgebahrt werden durfte. Sie fuhr in der Zwischenzeit nach Hause, um ihre Sachen zu holen, weil sie die Nacht bei ihm verbringen wollte.

Als wir im Hospiz ankamen, war das Lächeln einem ziemlich verkniffenen Gesichtsausdruck gewichen. Uller sagte: »Oh, der Transport hat ihm wohl nicht gefallen.« Dann kam die Freundin zurück, gab dem Toten einen Kuss auf die Wange und ging kurz noch mal raus, um ihre Tasche zu holen. Und auf einmal war das breite Lächeln wieder da! Uller und ich schauten uns nur an und er sagte: »Zum Glück sind wir hier zu zweit, sonst würden alle denken, wir spinnen.«

Ich habe auch das Gegenteil erlebt: Eine Verstorbene, die ich bestattet habe, hatte kein gutes Verhältnis zu ihrem Exmann, und sie hatte vor ihrem Tod verfügt, dass er nicht zu ihrer Aufbahrung kommen darf. Er setzte sich allerdings über diesen Wunsch hinweg, kam doch und sprach sogar noch am Totenbett schlecht über sie. Der Ausdruck auf ihrem vorher lächelnden und entspannten Gesicht wurde schlagartig ärgerlich und blieb auch so, obwohl ich noch versucht habe, mit ihr zu sprechen und zu singen und damit wieder Frieden zu bringen. Aber sie war sichtlich zu sehr erschüttert von dieser Übergriffigkeit.

In diesen ersten Tagen ist ein Toter einfach noch so nah an seinem Körper, dass sich das bis in die Mimik hinein zeigt. Das können die Angehörigen bei einer Aufbahrung hautnah erleben. Sie sehen auch, wie seine Aura anfangs noch ganz greifbar ist, eine Art Atmen. Es ist etwas im Raum und um ihn herum, das man zwar wahrnehmen, aber kaum genauer beschreiben kann. Innerhalb von zwei bis drei Tagen verflüchtigt sich das immer mehr, bis es schließlich ganz verschwunden ist und der Körper als leere Hülle zurückbleibt

Wer das miterleben kann, hat später einen leichteren Zugang zu den Toten. So etwas lässt sich schwer vermitteln, man muss es einfach erleben. Deshalb liegt mir ja so viel daran, dass die Angehörigen diesen Prozess mitmachen können. Sie sollen die Veränderungen spüren, sehen, wahrnehmen. Erst dann ist es nachvollziehbar, dass man mit den Verstorbenen immer noch geistig zusammenleben kann, auch wenn das Gesicht als Spiegel nicht mehr zur Verfügung steht.

Ich nehme dafür gerne den Vergleich mit einem »goldenen Handy« zu Hilfe. Wir alle verfügen über ein solches »Handy«, es hat weder Akku noch Batterie, es muss nur betätigt werden. Und es hat nur Empfang, wenn wir wirklich bei uns sind und unser Herz öffnen – unabhängig davon, wo wir uns gerade befinden.

Das Letzte, was ein Toter möchte, ist, dass wir ihn vergessen, und das Schönste für ihn ist, wenn er weiterhin bei uns sein darf. Wenn einer unserer besten Freunde nach Australien auswandert, bemühen wir uns ja auch darum, den Kontakt zu halten. Nun hat die geistige Welt weder Postamt noch Mailbox, aber man kann trotzdem mit ihr in Verbindung kommen – zum Beispiel, indem man sich jeden Tag einen Moment

Zeit nimmt, an den Verstorbenen denkt und ein Gedicht, Gebet oder ein Zitat für ihn spricht.

Es kann auch sein, dass uns Grüße oder Botschaften aus der jenseitigen Welt erreichen; oft geschieht das in der Natur, wenn man ein offenes Auge und Ohr dafür hat. Das habe ich bei der Urnenbeisetzung einer Frau erlebt, die sich gewünscht hatte, dass ihre Beisetzung in völliger Stille geschieht. Außer mir sollte nur der engste Familienkreis dabei sein. Der Wintertag war kalt und sonnig, überall lag Schnee. Als der Mann der Verstorbenen die Urne absenkte, hörte ich über uns den Ruf von Wildgänsen. Ich tippte ihm sachte auf die Schulter und zeigte nach oben. Er sah die Gänse am Himmel vorüberziehen und ihm schossen die Tränen in die Augen. Später erzählte er mir, dass sie zusammen immer Wildgänse beobachtet hatten.

Ein anderes Beispiel ist die Urnenbeisetzung eines Mannes, der regelmäßig zu unserem Montagskreis gekommen war. Genau als wir mit der Urne aus der Kapelle traten, flog direkt vor uns ein großer Mäusebussard auf und setzte sich auf eine Baumspitze. Bis zur Grabstelle war es nicht weit, und der mächtige Vogel folgte uns von Baum zu Baum. Weil es noch ganz früh war, stieg in diesem Moment hinter den Bäumen die Sonne auf und tauchte alles in ein goldenes Licht. Erst nach dem Ende der Beisetzung flog der Bussard von seinem Baum auf und in dieses goldene Licht hinein.

Ich könnte ewig so weitererzählen, möchte aber nur noch einen dritten Fall schildern: eine »Open-air«-Bestattungsfeier auf einem Friedhof, der an einem See lag. In die Kapelle konnten wir an diesem Tag nicht hinein, weil diese renoviert wurde – im Rückblick ein geradezu wunderbarer Glücksfall. Denn als Freunde des Verstorbenen gerade einen Brief an ihn vorlasen, in dem von seiner Tierliebe die Rede war, quakten urplötzlich sämtliche Frösche im Sumpf los! Das Froschkonzert war kurz, aber unüberhörbar, nur bei Erwähnung dieser Tierliebe. Für den Rest der Feier schwiegen die Frösche. Das war wirklich frappierend.

Auf solche Zeichen kann man übrigens auch dann schon achten, wenn man das Grab aussucht. Oft findet sich ein Hinweis auf die richtige Stelle. Zum Beispiel kam, während Kinder einen Baum als Grabstelle für die zuvor verstorbene Mutter suchten, eine Wildsau aus dem Dickicht und ging direkt auf einen Baum zu. Für die Kinder war das ein Zeichen, dass die Mutter dort begraben werden wollte. Vielleicht bricht auch die Sonne durch die Wolkendecke und zeigt genau auf einen bestimmten Platz – es gibt viele solche Hinweise. Man muss sie nur zulassen und erkennen.

Den Tod leben, das bedeutet auch, den Tod zu lieben, ihn als Bestandteil des Lebens anzunehmen. Ich für meinen Teil freue mich sogar darauf – ich habe mich so lange damit beschäftigt, dass er für mich etwas Wunderschönes ist, vor dem ich keine Angst haben muss. Ich freue mich darauf, alle meine Lieben wiederzusehen, mit ihnen ein großes Fest zu feiern und die Aufgabe meines jetzigen Lebens dann abgeschlossen zu haben. Dann werde ich frei sein für neue Ufer. Oder, wie es der große Bildhauer und Maler Michelangelo Buonarroti (1475–1564) ausdrückte:

Es sandte mir das Schicksal tiefen Schlaf.
Ich bin nicht tot, ich tauschte nur die Räume.
Ich leb in Euch, ich geh in Eure Träume,
da uns, die wir vereint, Verwandlung traf.

Ihr glaubt mich tot, doch dass die Welt ich tröste,
leb ich mit tausend Seelen dort,
an diesem wunderbaren Ort,
im Herzen der Lieben. Nein, ich ging nicht fort,
Unsterblichkeit vom Tode mich erlöste.

ANHANG

Checklisten

Checkliste: Was Sie bei einem Todesfall tun sollten

Wenn der Tod zu Hause eingetreten ist

- ○ Den Hausarzt oder den ärztlichen Bereitschaftsdienst anrufen.
- ○ Bei unbekannter Todesursache, wenn keine Vorerkrankung bestand: Notarzt über 112 rufen.
- ○ Bestatter informieren.
- ○ Besprechen: Soll/kann zu Hause aufgebahrt werden?
- ○ Wenn ja: Welcher Raum steht zur Verfügung?
- ○ Wenn nein: Gibt es einen anderen Raum, wo eine Aufbahrung möglich ist (z. B. in der Kirchengemeinde oder in der Leichenhalle eines Friedhofs)?
- ○ Angehörige und Freunde zur Aufbahrung einladen.

Wenn der Tod im Krankenhaus eingetreten ist

- ○ Bestatter informieren.
- ○ Besprechen: Kann/soll der Verstorbene zu Hause aufgebahrt werden?
- ○ Wenn ja: Mit dem Oberarzt die Möglichkeit einer schnellen Abholung besprechen.
- ○ Bestatter mit dem Transport beauftragen.
- ○ Klären, welcher Raum für die Aufbahrung zur Verfügung steht.
- ○ Angehörige und Freunde zur Aufbahrung einladen.

Wenn der Tod im Pflegeheim eingetreten ist und Sie eine Aufbahrung wünschen, besprechen Sie mit der Heimleitung, wie sich das am besten verwirklichen lässt. Generell wird das sehr unterschiedlich gehandhabt. Manche Pflegeheime haben eigene Aufbahrungsräume.

Checkliste: Was Sie einen Bestatter fragen sollten

- ○ Ist er bereit, eine Aufbahrung zu Hause oder an einem anderen Ort zu begleiten?
- ○ Können Angehörige beim Waschen und Anziehen des Verstorbenen dabei sein und mithelfen?
- ○ Welche Sargmodelle stehen zur Verfügung? Kann auch ein unbehandelter Sarg aus Kiefernholz geliefert werden?
- ○ Bei einer Feuerbestattung: Hat der Bestatter »Biournen« aus verwitterungsfähigen Rohstoffen vorrätig?
- ○ Was wird die Bestattung kosten (inkl. aller Aufwendungen)?

Checkliste: Was Sie jetzt schon tun können

- ○ Erteilen Sie eine Gesundheitsbetreuungs- oder Vorsorgevollmacht (siehe Seite 58).
- ○ Setzen Sie eine Bestattungsverfügung auf (siehe ab Seite 62).
- ○ Setzen Sie ein Testament auf (siehe ab Seite 56). Wichtig: Es muss handschriftlich aufgesetzt werden und mit Ort, Datum und Unterschrift versehen sein!
- ○ Legen Sie in einem Testament fest, wer welche Gegenstände aus Ihrem Besitz erben soll.
- ○ Befreien Sie Ihren Hausrat von allem, was Sie nicht mehr brauchen. Gehen Sie dabei Zimmer für Zimmer vor – nehmen Sie sich nicht zu viel auf einmal vor.
- ○ Verschenken Sie Gegenstände, die Sie nicht mehr brauchen.

Checkliste: Was Ihre Bestattungsverfügung enthalten sollte

- ○ Erd- oder Feuerbestattung?
- ○ Bei Erdbestattung: Wahl-, Reihen- oder anonymes Grab?
- ○ Bei Urnenbestattung: Was für ein Grab (siehe Checkliste Feuerbestattung)?
- ○ Welcher Friedhof?
- ○ Welche Kleidung wollen Sie nach Ihrem Tod angezogen bekommen?
- ○ Aufbahrung – ja oder nein?
- ○ Text bzw. Gestaltung der Todesanzeige bzw. Trauerkarte.
- ○ Liste aller Adressen, die im Todesfall benachrichtigt werden sollen.
- ○ Sarg aus Holz (welches?), Pappe, Biomaterialien? Bitte beachten: Biosärge werden nicht von jedem Friedhof bzw. Krematorium angenommen.
- ○ Material, aus dem die Urne sein soll.
- ○ Pfarrer oder Redner für die Bestattungsfeier, falls gewünscht und die Feier nicht von den Angehörigen selbst ausgerichtet werden soll.
- ○ Musik, Texte, Lieder für die Bestattungsfeier.
- ○ Grabstein – ja oder nein? Wenn ja: welches Material?
- ○ Vollmachten und Verfügungen zur Regelung des digitalen Nachlasses.

Checkliste Feuerbestattung

- ○ Urnenwahl- oder -reihengrab?
- ○ Kolumbarium?
- ○ Urnenkirche?
- ○ Baumgrab? Wenn ja: wo?
- ○ Anonymes Grab?
- ○ Seebestattung?

Zum Vorlesen und Vortragen

Hier haben wir Ihnen Texte und Gedichte zusammengestellt, die sich für verschiedene Anlässe eignen: zum Vorlesen für Sterbende, zum Vortragen bei Bestattungs- und Abschiedsfeiern, zur regelmäßigen Kontaktaufnahme und zum Gedenken an Verstorbene.

Zum Vorlesen am Sterbebett:

Der Weltenpilger

von Rudolf Meyer (1896–1985)

Tragt ihr mich einst hinaus, sprecht nicht:
»Zur ewigen Ruh«,
legt mir zum Pilgerkleid ins Grab zwei Wanderschuh!
Drei Tage halt ich Rast. Dann schreit ich meinen Weg.
Hie Gletscher und hie Glut: schmal ist der Geistersteg.
Die Höhenluft ist gut; ich werde bald gesunden.
Mein Schritt steigt erdbefreit durch sieben Sternenrunden.
Ich trug ein Erdenkleid; es war nicht fleckenrein.
Im Tau der Mondenflut wird's bald geläutert sein.
Geh ich den Büßerpfad getreu der Silberspur –
leiht meinem Wanderschritt die Flügelschuh Merkur.
Des Weges Müdigkeit weicht frohem Geistesschwung:
Der Venus Gnade strahlt und macht den Pilger jung.
Wie Rosen glutverklärt, wie Lilien kinderrein,
kehrt durch das Sonnentor die Menschenseele ein.
Der Sonnen-Engel winkt: Empfange Speer und Schild!
Dich ruft zum Weltenkampf das weite Marsgefild.
Willst du, ein Menschengeist, zum Weltengeist erwachen
am Glanz des Jupiter musst du dein Licht entfachen!
Der Tod und Leben eint, Saturn, wahrt ew'gen Hort.

Aus Schweigen reift Geburt: »Im Anfang war das Wort.«
Das Weltenwort erklingt aus allen Sternengründen,
die ew'ge Geistgestalt dem Sterben zu entbinden.
So wächst des Menschen Geist, am Gotteslicht verklärt,
bis er im Liebesdrang zur Erde wiederkehrt.
Er kennt nicht »ewige Ruh« – ihm ziemt das Pilgerkleid,
dazu zwei Wanderschuh: zum Schicksalsgang bereit.

Gebet für Sterbende

Frei nach Rudolf Steiner (1861–1925)

Vor mir
in weiter Ferne
steht ein Stern.
Er kommt mir immer näher.
Geistes-Wesen
senden in Liebe
mir Sternenlicht.
Der Stern taucht ein
in mein eigenes Herz.
Er füllet es mit Liebe.
Die Liebe in meinem Herzen
wird in meiner Seele
Kraft der Liebe.
Ich weiss, dass ich
mit dieser Liebe
die Schwere meines Körpers
überwinden kann.

Buddhistische Atem-Meditation für Sterbende

*(Thich Nhat Hanh, *1926)*

Sie können diese Meditation laut vorlesen und dabei ein- und ausatmen bzw. sie dem Atemrhythmus des Sterbenden anpassen.

Einatmend bin ich mir bewusst, dass ich einatme.
Ausatmend bin ich mir bewusst, dass ich ausatme.
Einatmend fühle ich, wie sich eine wohltuende Entspannung in mir ausbreitet.
Ausatmend werde ich zunehmend ruhiger und gelassener.
Einatmend fühle ich mich von guten Geistern begleitet.
Ausatmend fühle ich mich beschützt und geborgen.
Einatmend gehe ich ruhig und in Frieden meinen Weg.
Ausatmend empfinde ich immer mehr Leichtigkeit.
Einatmend spüre ich große Dankbarkeit für alles Gute, das ich erleben durfte.
Ausatmend empfinde ich Dankbarkeit für die Ereignisse im Leben, durch die ich innerlich wachsen konnte.
Einatmend bin ich dankbar dafür, gelebt zu haben.
Ausatmend verabschiede ich mich nun von meinem Leben, meiner Familie und meinen Freunden.
Einatmend weiß ich, dass ich meinen Körper jetzt nicht mehr brauche.
Ausatmend fühle ich mich verbunden mit allem, was existiert.
Einatmend nehme ich den grenzenlosen Raum in mir und um mich herum wahr.
Ausatmend bin ich frei.

Der K. d. R.

von Manfred Kyber (1880–1933)

Die Regenwürmer hatten einen Kongress einberufen. Es war ein moderner Kongress. Darum hieß er nicht der Kongress der Regenwürmer, sondern der K. d. R. Der K. d. R. tagte im Garten an einer recht staubigen Stelle. Es wurden nur Fragen der Bodenkultur erörtert. Weiter geht der Horizont der Regenwürmer nicht. Sie kriechen auf der Erde und essen Erde. Es sind arme, bescheidene Leute, aber sie sind nützlich und notwendig. Die Erde würde ohne sie nicht gedeihen. Ihre Arbeit muss verrichtet werden.

Es war Abend. Die Dämmerung lag auf den Wegen, auf denen der K. d. R. zusammengekrochen war. Ein langer alter Regenwurm hatte den Vorsitz übernommen. Er besprach Fragen lokaler Natur, die Bodenverhältnisse des Gartens, in dem man arbeitete. Es waren erfreuliche Resultate. »Wir sind schon recht tief in die Erde eingedrungen«, sagte der Präsident des K. d. R. »Wir haben viele Erdschichten an die Oberfläche befördert, von denen niemand vorher etwas wusste. Wir haben sie zerlegt und zerkleinert. Aber die Erde scheint noch tiefer zu sein, als wir dachten. Sie scheint noch mehr zu bergen, als wir heraufgeschafft haben. Wir müssen fleißig weiter überall herumkriechen und Erde essen. Es ist eine große Aufgabe. Damit schließe ich den K. d. R.« Er ringelte sich verbindlich.

Der offizielle Teil des K. d. R. war erledigt. Man bildete zwanglose Gruppen mit Nachbarn und Freunden und sprach über die Praxis der Gliederbildung. Man wollte allseits lang werden. Darin sah man den Fortschritt. Neue Methoden hierfür waren stets von Interesse.

»Die allerneueste Methode, lang zu werden«, sagte ein junger Regenwurm, »heißt ›Ringle dich mit dem Strohhalm‹. Das stärkt die Muskeln und zieht die Glieder auseinander. Sehen Sie – so!« Er tastete nach einem Strohhalm und demonstrierte die neue Methode energisch und mit Überzeugung.

Dabei stieß er an etwas an. Er fühlte, dass es rau und haarig war. »Nanu, was ist denn das? Das hat ja Haare und bewegt sich!« Er ringelte sich ängstlich vom Strohhalm los.

»Verzeihen Sie, ich war so müde. Da hab ich mich auf den Strohhalm gesetzt«, sagte das Etwas mit Haaren. »Wer sind Sie denn?« fragte der Regenwurm und kroch vorsichtig wieder näher.

»Ich bin Raupe von Beruf. Ich hätte mich gewiss nicht auf den Strohhalm gesetzt, aber ich bin so sehr müde. Ich habe einen so langen Weg hinter mir. Ich bin immer im Staub gekrochen. Nur selten fand ich etwas Grünes. Ich bin ein bisschen schwächlich, schon von Kind an. Es ist auch so angreifend, bei jedem Schritt den Rücken zu krümmen. Jetzt kann ich nicht mehr. Ich bin zu müde. Sterbensmüde.« Die Raupe war ganz verstaubt und erschöpft. Ihre Beinstummel zitterten.

Der gesamte K. d. R. kroch teilnahmsvoll heran. »Sie müssen sich stärken«, sagte ein Regenwurm freundlich. »Sie müssen etwas Erde zu sich nehmen.«

»Nein danke«, sagte die Raupe, »ich bin zum Essen zu müde. Mir ist überhaupt so sonderbar. Ich will nicht mehr auf der Erde kriechen.«

»Aber ich bitte Sie«, sagte der Präsident des K. d. R. »Das ist das Leben, dass man auf der Erde kriecht und Erde isst. Wenn man das nicht mehr kann, stirbt man. Man soll aber leben und recht lang werden. Ich kann Ihnen verschiedene Methoden empfehlen. Es ist Makrobiotik.«

»Ich glaube, dass man nicht stirbt«, sagte die Raupe. »Wenn man zu müde ist und nicht mehr auf der Erde kriechen kann, verpuppt man sich, und nachher wird man ein bunter Falter. Man fliegt im Sonnenlicht und hört die Glockenblumen läuten. Ich weiß nur nicht, wie man es macht. Ich bin auch viel zu müde, um darüber nachzudenken.«

Die Regenwürmer ringelten sich aufgeregt und ratlos durcheinander. »Fliegen? – Sonnenlicht? – Was heißt das? – So was gibt's doch gar nicht! – Sie sind wohl krank?«

»Sie gebrauchen solche kuriosen Fremdworte«, sagte der Präsident des K. d. R. »Ihnen ist einfach nicht wohl!«

Die Raupe antwortete nicht mehr. Sie war zu müde. Sterbensmüde. Sie klammerte sich an den Strohhalm. Dann wurde es dunkel um sie. Aus ihr heraus aber spannen sich feine Fäden und spannen den verstaubten sterbensmüden Körper ein.

»Das ist ja eine schreckliche Krankheit«, sagten die Regenwürmer.

»Es ist ein Phänomen«, sagte der Präsident des K. d. R. »Wir wollen es beobachten.« Einige Kapazitäten nickten zustimmend mit den Kopfringeln.

Es vergingen Wochen. Der Präsident des K. d. R. und die Kapazitäten krochen täglich an das Phänomen heran und betasteten es. Das Phänomen sah weiß aus. Es war ganz versponnen und lag regungslos am Boden.

Endlich, in der Frühe eines Morgens, regte sich das versponnene Ding. Ein kleiner bunter Falter kam heraus und sah mit erstaunten Augen um sich. Er hielt die Flügel gefaltet und verstand nicht, was er damit sollte. Denn er hatte vergessen, was er als Raupe geglaubt und gehofft hatte – und wie müde er gewesen war, sterbensmüde.

Die Flügel aber wuchsen im Sonnenlicht. Sie wurden stark und farbenfroh. Da breitete der Falter die Schwingen aus und flog weit über die Erde ins Sonnenlicht hinein. Die Glockenblumen läuteten.

Unten im Staube tagte der K. d. R. Man hatte die leere Hülle gefunden, und alle Kapazitäten waren zusammengekrochen.

»Es ist nur ein Mantel«, sagte die erste Kapazität enttäuscht. »Die Krankheit ist allein zurückgeblieben«, sagte die zweite Kapazität. »Der Mantel ist eben die Krankheit«, sagte die dritte Kapazität.

Hoch über ihren blinden Köpfen gaukelte der Falter in der blauen sonnigen Luft. »Nun ist es ganz tot«, sagten die Regenwürmer.

»Resurrexit!« sangen tausend Stimmen im Licht.

Zur täglichen Vorbereitung auf das Sterben und das Lebensende

Übertragung aus dem Indischen

Du, der Du das Weltall erleuchtest,
erleuchte Du auch mich,
und nimm von meinen Augen die Binde,
dass ich sie sehe, die wahre Sonne.
Sie ist mir jetzt noch verschleiert zwar,
jedoch in einem goldenen Lichtmeer
durchschimmernd mein Gemüte.
Und nun lass mich sie sehen
im Bilde der Klarheit,
der reinen Wahrheit,
lass mich in ihrem Lichte erkennen,
was meine Pflichten sind.
Und dann, wenn die Reise vollendet,
lass mich ankommen am heiligen Ort.
Und Du, Du Tröster des Alls,
gib mir die Kraft,
dorthin auch wirklich zu gelangen.
Und Du, göttliche Liebe,
nimm mich auf in Deine Ziele,
und halte rein den ewigen Strahl treuen Wollens.

Loslassen (modifizierte Version)

Original von Ruth Fuehrer (1902–1966)

Nehmt Abschied, ihr Augen,
von allem, was ihr in dieser Welt gesehen habt,
und richtet euch auf die Herrlichkeit des Schöpfers.

Nehmt Abschied, ihr Ohren,
von allem, was ihr auf der Welt gehört habt,
und hört auf die Worte der Gnade und Barmherzigkeit.

Nimm Abschied, du Mund,
von allen Worten, die du auf Erden gesagt hast,
und bereite dich, Dank und Ehre zu sagen.

Nehmt Abschied, ihr Füße,
von allen Wegen dieser Erde,
und bereitet euch, den Weg in die lichte Heimat zu gehen.

Nehmt Abschied, ihr Gedanken,
von dieser Welt,
und richtet euch hin zur unendlichen Liebe.

Nimm Abschied, du Mensch,
von dieser Welt mit ihren Freuden und Leiden,
von denen, die du liebst, und von denen, die dich lieben,
und bereite dich, der allumfassenden Liebe zu begegnen.

Diese unendliche Liebe vergebe dir alles,
was dich von ihr geschieden hat,
und gewähre dir den Eingang
in das Reich der Freude und der Herrlichkeit.

Bei der Sarg- oder Urnenbeisetzung vorzutragen:

Neil Douglas-Klotz' Übersetzung des aramäischen »Vaterunser«

Oh Du, atmendes Leben in allem,
Ursprung des schimmernden Klanges.
Du scheinst in uns und um uns,
selbst die Dunkelheit leuchtet, wenn wir uns erinnern.
Hilf uns, einen heiligen Atemzug zu atmen,
bei dem wir nur Dich fühlen –
und Dein Klang in uns erklinge und uns reinige.
Lass Deinen Rat unser Leben regieren
Und unsere Absicht klären für die gemeinsame Schöpfung.
Möge der brennende Wunsch Deines Herzens
Himmel und Erde vereinen durch unsere Harmonie.
Gewähre uns täglich, was wir an Brot und Einsicht brauchen:
Das Notwendige für den Ruf des wachsenden Lebens.
Löse die Stränge der Fehler, die uns binden,
wie wir loslassen, was uns bindet an die Schuld anderer.
Lass oberflächliche Dinge uns nicht irreführen,
sondern befreie uns von dem, was uns zurückhält.
Aus Dir kommt der allwirksame Wille,
die lebendige Kraft zu handeln,
das Lied, das alles verschönert
und sich von Zeitalter zu Zeitalter erneuert.
Wahrhaftige Lebenskraft diesen Aussagen!
Mögen sie der Boden sein,
aus dem alle meine Handlungen erwachsen.
Besiegelt im Vertrauen und Glauben.
Amen.

Gedicht, das Henry Scott Holland (1847–1918) anlässlich des Todes von King Edward VII. am 15. Mai 1910 in der Saint Paul's Cathedral in London vortrug:

Der Tod ist nichts,
ich bin nur in das Zimmer nebenan gegangen.
Ich bin ich, ihr seid ihr.
Das, was ich für euch war, bin ich immer noch.
Gebt mir den Namen, den ihr mir immer gegeben habt.
Sprecht mit mir, wie ihr es immer getan habt.
Gebraucht keine andere Redeweise,
seid nicht feierlich oder traurig.
Lacht weiterhin über das,
worüber wir gemeinsam gelacht haben.
Betet, lacht, denkt an mich,
betet für mich,
damit mein Name ausgesprochen wird,
so wie es immer war,
ohne irgendeine besondere Betonung,
ohne die Spur eines Schattens.
Das Leben bedeutet das, was es immer war.
Der Faden ist nicht durchschnitten.
Weshalb soll ich nicht mehr in euren Gedanken sein,
nur weil ich nicht mehr in eurem Blickfeld bin?
Ich bin nicht weit weg,
nur auf der anderen Seite des Weges.

An M.

von Joachim Ringelnatz (1883–1934)

Der du meine Wege mit mir gehst,
Jede Laune meiner Wimper spürst,
Meine Schlechtigkeiten duldest und verstehst –
Weißt du wohl, wie heiß du oft mich rührst?

Wenn ich tot bin, darfst du gar nicht trauern.
Meine Liebe wird mich überdauern
Und in fremden Kleidern dir begegnen
Und dich segnen.

Lebe, lache gut!
Mache deine Sache gut!

Die Toten

von Manfred Kyber (1880–1933)

Die Toten starben nicht. Es starb ihr Kleid.
Ihr Leib zerfiel, es lebt ihr Geist und Wille.
Vereinigt sind sie dir zu jeder Zeit
In deiner Seele tiefer Tempelstille.

In dir und ihnen ruht ein einiges Reich,
wo Tod und Leben Wechselworte tauschen.
In ihm kannst du, dem eigenen Denken gleich,
den stillen Stimmen deiner Toten lauschen.

Und reden kannst du, wie du einst getan,
zu deinen Toten lautlos deine Worte.
Unwandelbar ist unsres Geistes Bahn
Und ewig offen steht des Todes Pforte.

Schlagt Brücken in euch zu der Toten Land,
die Toten bau'n mit euch am Bau der Erde.
Geht wissend mit den Toten Hand in Hand,
auf dass die ganze Welt vergeistigt werde.

Irisches Segenslied

Möge die Straße uns zusammenführen
und der Wind in deinem Rücken sein;
sanft falle Regen auf deine Felder
und warm auf dein Gesicht der Sonnenschein.

Refrain: Und bis wir uns wiedersehen,
halte Gott dich fest in seiner Hand;
und bis wir uns wiedersehen,
halte Gott dich fest in seiner Hand.

Führe die Straße, die du gehst
immer nur zu deinem Ziel bergab;
hab wenn es kühl wird, warme Gedanken
und den vollen Mond in dunkler Nacht.

Hab unterm Kopf ein weiches Kissen,
habe Kleidung und das täglich Brot;
sei über vierzig Jahre im Himmel,
bevor der Teufel merkt du bist schon tot.

Bis wir uns mal wiedersehen,
hoffe ich, dass Gott dich nicht verlässt;
er halte dich in seinen Händen,
doch drücke seine Faust dich nicht zu fest.

Grabrede der Navajo Indianer

Unbekannter Verfasser

Steht nicht an meinem Grab
und weint um mich.
Ich bin nicht dort.
Ich schlafe nicht.
Ich wehe als Wind auf blauer See.
Ich strahle als Diamant auf weißem Schnee.
Ich scheine als Sonne auf reifes Getreide.
Ich regne im Frühling auf grüne Weide.
Ich strahle als Stern in dunkler Nacht.
Und wenn ihr im Morgenlicht erwacht,
bin ich der Vogel,
der himmelwärts fliegt aus dem Schwarm,
der ruhig seine Kreise zieht.
Steht nicht am Grab und trauert.
Ich bin nicht dort,
weil die Ewigkeit dauert.

Zur regelmäßigen Kontaktaufnahme und zum Gedenken an Verstorbene:

Gebete und Meditationssprüche

von Rudolf Steiner (1861–1925)

Meine Liebe sei den Hüllen,
Die dich jetzt umgeben –
Kühlend deine Wärme,
Wärmend deine Kälte –
opfernd einverwoben!
Lebe liebgetragen,
lichtbeschenkt, nach oben!

Es strebe zu dir meiner Seele Liebe,
Es ströme zu dir meiner Liebe Sinn.
Sie mögen dich tragen,
sie mögen dich halten,
in Hoffnungshöhen,
in Liebessphären.

Getrennter Liebender Gebet zueinander

von Christian Morgenstern (1871–1914)

Komm auch heute zu mir,
bleibe auch heute bei mir.
Begleite jeden meiner Schritte,
heilige mir jeden Schritt.
Hilf mir, daß ich nicht im Stricke
falle oder strauchle.
Hilf mir, stark und schön zu bleiben,
bis ich dich nächsten Morgen
so wieder bitte.
Durchdringe mich ganz mit dem Licht,
das du bist.
Wohne in mir wie das Licht in der Luft,
Auf daß ich ganz dein sei –
Auf daß du ganz mein seist
Auch diesen Tag.

(Ohne Titel)

von Christian Morgenstern (1871–1914)

Leis auf zarten Füßen naht es,
vor dem Schlafen wie ein Fächeln:
Horch, o Seele, meines Rates,
lass dir Glück und Tröstung lächeln.

Die in Liebe dir verbunden,
werden immer um dich bleiben,
werden klein und große Runden
treugesellt mit dir beschreiben.

Und sie werden an dir bauen,
unverwandt, wie du an ihnen,
und, erwacht zu einem Schauen,
werdet ihr wetteifernd dienen!

(Ohne Titel)

von Ida Rüchardt (1884–1982)

Glaubst du, dass ich dich verließ,
als ich von dir ging?
Dich aus meinem Herzen stieß,
das dich warm umfing?

Nein, ich ging, um näher nur
dir vereint zu sein,
folge meiner Himmelsspur –
nie bist du allein!

Immer strömt aus meiner Welt
in dich Licht und Klang,
die dein müdes Herz erhellt,
nimmer sei dir bang.

Du in mir und ich in dir –
über Raum und Zeit
leben selig-einig wir
in der Ewigkeit.

(Ohne Titel)

von Michelangelo Buenarroti (1475–1564)

Es sandte mir das Schicksal tiefen Schlaf.
Ich bin nicht tot, ich tauschte nur die Räume.
Ich leb in Euch, ich geh in Eure Träume,
da uns, die wir vereint, Verwandlung traf.

Ihr glaubt mich tot, doch dass die Welt ich tröste,
leb ich mit tausend Seelen dort,
an diesem wunderbaren Ort,
im Herzen der Lieben. Nein, ich ging nicht fort,
Unsterblichkeit vom Tode mich erlöste.

Aus der Bibel können besonders die Abschiedsreden aus dem Johannes-Evangelium, Kap 14–17, Trost spenden.

Nützliche Internetadressen

www.portadora.de
Homepage des PortaDora Abschiedskultur-Netzwerks von Bestatter*innen in Berlin und anderen deutschen Städten.

www.funeralladies.de
Bestatterinnen in Berlin, in deren Büro allmonatlich das »Café Tod« stattfindet.

www.bestatter-netz.net
Homepage eines bundesweiten Kreises inhabergeführter alternativer Bestattungsunternehmen, die sich einem gemeinsam erarbeiteten Leitbild verpflichtet haben.

www.bestattungsplanung.de
Viele Informationen rund um die Bestattung inklusive Formulare zum Download, z. B. für eine Bestattungsverfügung.

www.friedwald.de
www.ruheforst-deutschland.de
Kommerzielle Unternehmen für Bestattungen in der Natur.

Weiterführende Literatur

Anwar, Petra/Düffel, John von: Was am Ende wichtig ist. Geschichten vom Sterben. Piper Verlag, München, 2014

Bavastro, Paolo: Wie sinnvoll ist eine Patientenverfügung? Broschüre bei GESUNDHEIT AKTIV e. V., Berlin, zu bestellen über www.gesundheit-aktiv.de

Bergmann, Wolfgang: Sterben lernen. Kösel Verlag, München, 2011

Boogert, Arie: Der Weg der Seele nach dem Tod. Unser Leben nach dem Leben. Verlag Urachhaus, Stuttgart, 2012

Boogert, Arie: Wir und unsere Toten. Verlag Urachhaus, Stuttgart, 2017

Chast, Roz: Können wir nicht über was anderes reden? Rowohlt Verlag, Reinbek, 2015

Das Nachlass-Set: Testament, Vermögensübersicht, digitaler Nachlass, Bestattungsverfügung. Stiftung Warentest, Berlin, 2018, zu bestellen über www.test.de

Ehrenreich, Barbara: Wollen wir ewig leben? Die Wellness-Epidemie, die Gewissheit des Todes und unsere Illusion von Kontrolle. Kunstmann Verlag, München, 2018

Glöckler, Michaela, und Heine, Rolf (Hrsg.): Handeln im Umkreis des Todes. Praktische Hinweise für die Pflege des Körpers, die Aufbahrung und die spirituelle Begleitung des Verstorbenen. Med. Sekt. am Goetheanum, Dornach (Schweiz), 2003

Herrmann, Inger: Mit Kindern über Sterben und Tod sprechen. Broschüre bei GESUNDHEIT AKTIV e. V., Berlin, zu bestellen über www.gesundheit-aktiv.de

Ibello, Elena/Rüffer, Anne (Hrsg.): Reden über Sterben. Rüffer & Rub Verlag, Zürich (Schweiz), 2016

Keil, Annelie/Scherf, Henning: Das letzte Tabu. Über das Sterben reden und den Abschied leben lernen. Herder Verlag, Freiburg, 2016

Lakotta, Beate/Schels, Walter: Noch mal leben vor dem Tod: Wenn Menschen sterben. Deutsche Verlags-Anstalt, München, 2004

Lommel, Pim van: Endloses Bewusstsein. Neue medizinische Fakten zur Nahtoderfahrung. Patmos Verlag, Düsseldorf, 2009

Magnusson, Margareta: Frau Magnussons Kunst, die letzten Dinge des Lebens zu ordnen. S. Fischer Verlag, Frankfurt/Main, 2018

Mihm, Dorothea/Bopp, Annette: Die sieben Geheimnisse guten Sterbens. Kailash Verlag, München, 2014

Mihm, Dorothea/Bopp, Annette: Anleitung zum guten Sterben. Goldmann Verlag, München, 2015

Moody, Raymond: Leben nach dem Tod. Die Erforschung einer unerklärlichen Erfahrung. Rowohlt Taschenbuch Verlag, Reinbek, 14. Auflage 2013

Moody, Raymond/Perry, Paul: Zusammen im Licht. Was Angehörige mit Sterbenden erleben. Goldmann Verlag, München, 2011

Organspende: Sie entscheiden! Informationen für eine individuelle Urteilsbildung, Broschüre bei GESUNDHEIT AKTIV e. V., Berlin, zu bestellen über www.gesundheit-aktiv.de

Owen, Adrian: Zwischenwelten. Ein Neurowissenschaftler erforscht die Grauzone zwischen Leben und Tod. Droemer Verlag, München, 2017

Spezial Hinterbliebene, Rat und Hilfe nach einem Todesfall, Stiftung Warentest, Finanztest, Berlin, März 2018, zu bestellen über www.test.de

Salm, Christiane zu: Dieser Mensch war ich. Nachrufe auf das eigene Leben. Goldmann Verlag, München, 2013

Salm, Christiane zu: Weiterleben. Nach dem Verlust eines geliebten Menschen. Goldmann Verlag, München, 2016

Schüle, Christian: Wie wir sterben lernen. Ein Essay. Pattloch Verlag, München, 2013

Steiner, Rudolf: Der Tod – die andere Seite des Lebens. Rudolf Steiner Verlag, Basel, 2017

Quellenverzeichnis der zitierten Textstellen

S.98, Christian Morgenstern: Geleitwort zum 29. Dezember. http://christian-morgenstern.de/dcma/index.php?title=Geleitwort_für_den_29._Dezember;

S. 122, Ruth Fuehrer: Loslassen. Aus: Handbuch Bestattung: Impulse für eine milieusensible kirchliche Praxis. Hrsg. Benjamin Schließer, Corinna Schubert, Markus Weimer, Heinzpeter Hempelmann, Vandenhoeck & Ruprecht GmbH & Co. KG, S. 163;

S. 130, Charles Henry Brent: Was heißt Sterben? http://www.hospizgruppeschopfheim.de/hospiz-schopfheim-texte66-was%20heißt%20sterben.pdf;

S. 145, Der gestohlene Heller: Ein Märchen der Brüder Grimm. https://www.grimmstories.com/de/grimm_maerchen/der_gestohlene_heller;

S. 146, Ludwig Bechstein: Das Tränenkrüglein. gutenberg.spiegel.de/buch/-7468/25

S. 147, Herbert Hahn: Das goldene Kästchen 5. Aufl., Mellinger Verlag, Stuttgart, 2013;

S. 184, Michelangelo Buonarroti: o. T. https://www.aphorismen.de/gedicht/175477;

S. 188, Rudolf Meyer: Der Weltenpilger. Aus: Rudolf Meyer: Vom Sinn des Todes und von der Gemeinschaft mit den Toten. Urachhaus, Stuttgart, 1979;

S. 189, Rudolf Steiner: Gebet für Sterbende. Aus: Rudolf Steiner: Mantrische Seelenübungen II, Gesamtausgabe 268, Rudolf Steiner Verlag, Dornach (Schweiz), 1999, S. 91;

S. 190, Thich Nhat Hanh: Buddhistische Atem-Meditation für Sterbende. Ohne Quelle;

S. 191, Manfred Kyber: Der K. d. R. In: Manfred Kyber: Tiergeschichten, http://gutenberg.spiegel.de/buch/tiergeschichten-5507/2;

S. 194, o. A.: Zur täglichen Vorbereitung auf das Sterben und das Lebensende. Übertragung aus dem Indischen. In: »Practische Theosophie«, Theodor Griebens Verlag, Leipzig, 1897;

S. 195, Ruth Fuehrer: Loslassen: Aus: Handbuch Bestattung: Impulse für eine milieusensible kirchliche Praxis, Hrsg. Benjamin Schließer, Corinna Schubert, Markus Weimer, Heinzpeter Hempelmann, Vandenhoeck & Ruprecht GmbH & Co. KG, Seite 163;

S. 196, Neil Douglas-Klotz: Übersetzung des aramäischen »Vaterunser«. http://www.omkara.de/vater_unser_aramaeisch.htm;

S. 197, Henry Scott Holland: Der Tod ist nichts. http://www.gedichte-fuer-alle-faelle/gedicht_822.html;

S. 197, Joachim Ringelnatz: An M. Aus: Allerdings. http://gutenberg.spiegel.de/buch/allerdings-2717/109;

S. 198, Manfred Kyber: Die Toten. Aus der Sammlung Genius Astri, 34 Dichtungen, Drei Eichen Verlag 1995;

S. 199, Irisches Segenslied: http://www.liederkiste.com/Text/Moege_die_Strasse.html;

S. 200, ohne Autor: Grabrede der Navajo Indianer. Aus: Gabriele Jöhren: Beileids-Fibel. Unvergessliche Worte zum Abschied. Tredition GmbH 2013;

S. 200, Rudolf Steiner: Gebete und Meditationssprüche. http://fvn-rs.net/index.php?option=com_content&view=article&id=2362%3Agebete-und-meditation-s-sprueche&catid=149%3Aga-261-unsere-toten&Itemid=4;

S. 201, Christian Morgenstern: Ohne Titel. http://www.lieder.net/get_text.html?TextId=24104;

S. 201, Christian Morgenstern: Ohne Titel. http://www.christian-morgenstern.de/dcma/index.php?title=Leis_auf_zarten_(o._T.);

S.202, Ida Rüchardt: Ohne Titel. Aus: Ida Rüchardt: In Bereitschaft. Gedichte. Heimdall Verlag 1972;

S. 203, Michelangelo Buenarroti: Ohne Titel. https://www.aphorismen.de/gedicht/175477.

Alle Quellen wurden am 14.05.2018 eingesehen.